초등
저학년용 하루 10분
또박또박
예쁜 글씨

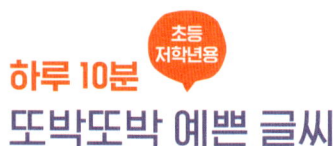
하루 10분 또박또박 예쁜 글씨 (초등 저학년용)

초판 1쇄 발행 | 2020년 2월 20일
초판 19쇄 발행 | 2025년 8월 28일

지은이 · 유성영
발행인 · 이종원
발행처 · (주)도서출판 길벗
출판사 등록일 · 1990년 12월 24일
주소 · 서울시 마포구 월드컵로 10길 56(서교동)
대표 전화 · 02)332-0931 | 팩스 · 02)323-0586
홈페이지 · www.gilbut.co.kr | 이메일 · gilbut@gilbut.co.kr

기획 및 책임편집 · 황지영(jyhwang@gilbut.co.kr) | 편집 · 이미현 | 제작 · 이준호, 손일순, 이진혁
마케팅 · 조승모, 이주연 | 유통혁신 · 한준희 | 영업관리 · 김명자, 심선숙, 정경화 | 독자지원 · 윤정아

표지 디자인 · 최주연 | 본문 디자인 · 정윤경 | 일러스트 · 이서하 | 편집 진행 및 교정 · 장문정
CTP 출력 및 인쇄 · 영림인쇄 | 제본 · 영림제본

- 잘못 만든 책은 구입한 서점에서 바꿔 드립니다.
- 이 책은 저작권법에 따라 보호받는 저작물이므로 무단전재와 무단복제를 금합니다. 이 책의 전부 또는 일부를 이용하려면 반드시 사전에 저작권자와 출판사 이름의 서면 동의를 받아야 합니다.

ISBN 979-11-6521-068-7(73640)
(길벗 도서번호 050239)

ⓒ 유성영, 2020

독자의 1초를 아껴주는 정성 길벗출판사

(주)도서출판 길벗 | IT단행본, 성인어학, 수험서, 교과서, 경제경영, 교양, 자녀교육, 취미실용 www.gilbut.co.kr
길벗스쿨 | 국어학습, 수학학습, 주니어어학, 어린이단행본, 학습단행본 www.gilbutschool.co.kr

제 품 명 : 하루 10분 또박또박 예쁜 글씨	주 소 : 서울시 마포구 월드컵로 10길 56 (서교동)
제조사명 : (주)도서출판길벗	제조년월 : 판권에 별도 표기
제조국명 : 대한민국	사용연령 : 8세 이상
전화번호 : 02-332-0931	KC마크는 이 제품이 공통안전기준에 적합하였음을 의미합니다.

유성영 지음

길벗

유성영 참바른글씨 대표에게
글씨 교정받은 아이의 부모가 전하는 생생 리뷰와 찬사

글쓰기에 늘 자신감이 떨어졌던 아이가 글씨 교정을 하고 나서 학교 경필 대회에서 상을 타 왔어요.
정말 뿌듯하고 교정받길 잘했다는 생각이 듭니다.
— 경복초등학교 1학년 학생의 학부모

손 근육과 힘이 약해서 연필도 제대로 못 잡았었는데. 교정받고 나서 손에 힘이 생겨
글씨를 또박또박 쓰고 있어요. 글자의 모양도 반듯하고 글자 짜임새도 좋아졌어요.
— 삼전초등학교 2학년 학생의 학부모

지렁이 같던 아이의 글씨가 교정받고 나서 180도 달라졌어요. 글씨가 또렷해지고 반듯해졌지요.
글씨가 예뻐졌다고 선생님께 칭찬받고 나서 아이의 자신감도 높아졌답니다.
노트 지면에 힘을 적절히 눌러쓰는 것이 포인트였어요!
— 서래초등학교 3학년 학생의 학부모

힘을 너무 주고 써서 글 쓰는 게 느려 답답했었는데. 놀라울 정도로 글쓰기 속도가 붙었어요.
쓱쓱 잘 써져서 그런지 글씨 쓰는 걸 신나 합니다.
— 대곡초등학교 5학년 학생의 학부모

전에는 글자가 사방팔방으로 흩어져 있어 읽기가 힘들었어요. 그런데 교정을 시작한 지 얼마 되지
않아 신기하게 글자의 중심을 잘 맞추고 글자도 잘 모아써서 글씨가 한눈에 쏙 들어오네요.
— 대곡초등학교 1학년 학생의 학부모

예전엔 글씨를 쓰면 손과 손목은 물론 어깨와 허리도 아프다고 했어요.
그런데 지금은 바르게 앉는 법과 연필 쥐는 법을 배워 글씨 쓰는 걸 힘들어하지 않아요.
오히려 글씨가 예쁘게 써져 글쓰기를 좋아하네요.
— 광운초등학교 3학년 학생의 학부모

악필로 동네에서 유명한 우리 아들. 글씨 연습을 꾸준히 하더니 알림장 정리를 잘했다고
'잘했어요' 도장을 받아 왔네요. 아이가 너무 좋아하고 행복해합니다. ^^
- 오륜초등학교 3학년 학생의 학부모

연필을 공룡 발톱같이 잡고 써서 글씨 모양이 엉망이고, 오래 쓰지도 못했어요.
연필 잡는 법과 손가락의 정확한 위치를 배우고 힘을 주는 방법을 익히더니
눈에 띄게 글씨가 예뻐졌어요. 글씨도 힘 안 들이고 참 편하게 쓰네요.
- 개원초등학교 5학년 학생의 학부모

한글, 숫자, 영어까지 글자의 모양이 총체적 난국이었어요. 0인지 6인지 7인지 11인지 도통
알아볼 수 없을 정도였죠. 그런데 교정받고 한글이 달라지더니 숫자 쓰기도 아주 좋아졌어요.
- 대곡초등학교 2학년 학생의 학부모

글씨 교정을 시켰더니 손의 힘이 좋아져서 받아쓰기를 뚜렷하게 써 와요. 글씨 교정과 함께 맞춤법,
띄어쓰기도 연습시켜 주셔서 받아쓰기 점수도 쑥~ 자존감도 쑥~ 올라갔어요.
- 대치초등학교 3학년 학생의 학부모

알아보기 힘들 정도로 악필이라 주관식 답을 적을 때 걱정이 되더라고요.
그런데 교정이 잘 돼서 글씨가 깔끔해졌어요. 한눈에 읽기도 쉬워졌답니다.
- 방배초등학교 3학년 학생의 학부모

글씨가 몰라보게 좋아지더니 노트 정리도 아주 깔끔해졌어요. 글씨 쓰기 습관이 잘 잡혀
빨리써도, 필기 양이 많아도 바른 글씨로 쓴답니다. 더 빨리 교정해 주지 못한 걸 후회할 정도로
아주 만족스러워요.
- 신양초등학교 3학년 학생의 학부모

ㄹ을 한 번에 흘려 쓰고 순서도 바꿔 써서 도무지 글씨를 알아볼 수 없었어요.
그런데 짧은 기간에 교정되어 글씨가 얼마나 똘망똘망해졌는지 몰라요.
자음과 모음을 순서에 맞춰 쓰고, 글자 모양까지 딱 잡혀 아이도, 저도 대만족이랍니다.
- 대곡초등학교 1학년 학생의 학부모

PROLOGUE

대치동 초등 학부모들은
왜 글씨 학원을 찾을까요?

"초등학교 1학년 때는 글씨를 잘 써서 상까지 받았는데, 지금은 아예 알아볼 수조차 없어요."
아이의 어마어마한 악필을 보며 혼을 내는 부모님들이 많습니다. 아이들은 왜 학년이 올라갈수록 글씨를 못 쓰는 걸까요? 그중에도 글씨를 잘 쓰는 친구들이 간혹 있습니다. 그 친구들은 어떻게 글씨를 잘 쓸까요?

글씨를 잘 쓰고, 못 쓰는 것의 차이는 베껴서 쓰느냐와 손에 익혀서 쓰느냐에 달려 있습니다. 글씨를 그리는 식으로 베껴서 옮겨 쓰는 아이들은 필기 양이 많아지면 점점 악필에 가까워집니다. 반면 바른 자세와 바른 집필법을 익혀 손끝으로 글쓰기의 힘을 외운 학생은 글을 많이 쓰거나 빨리 써도 반듯한 글씨를 쓸 수 있지요. 글씨를 못 쓰는 또 다른 원인은 사회적인 환경일 수도 있습니다. 스마트 시대와 AI 시대가 되면서 글을 쓰는 기회가 점점 사라지고 있는 탓이지요. 손글씨 대신 스마트폰이나 컴퓨터로 쓰기 때문에 소근육 발달 저하는 물론 손에 힘이 없어 글씨를 못 쓰는 아이들이 점점 늘어나고 있습니다. 손끝을 사용하는 피아노, 미술, 바둑 등의 예능 시간이 예전에 비해 줄어든 것도 원인이지요.

피아노를 예로 들어볼까요? 손가락 번호와 그 피아노 건반을 누르는 느낌을 모르는 상태에서 악보를 준다고 피아노를 잘 칠 수 있을까요? 아마 못 칠 거라고 대답할 겁니다. 그러면 글씨는 어떨까요? 글씨 쓰는 방법을 제대로 익히지 못했는데, 글씨를 반듯하게 쓰지 못하는 것이 아이의 잘못일까요?

손끝의 힘을 익히지 못한 상태에서 아이 혼자 글씨를 쓰게 되면 그나마 약했던 기초가 무너져 글씨를 더욱 못 쓰는 결과를 초래합니다. 아이를 탓할 것이 아니라 그동안 아이가 얼마나 글씨를 힘들게 써왔는지에 대해 이해한 다음 아이의 입장을 공감해 주고 글씨 쓰기 방법부터 차근히 가르쳐줘야 합니다. 충분히 격려도 해야 하지요. 자전거를 처음 배울 때 자꾸 넘어지고 다치지만, 한번 중심을 잡고 타는 방법을 터득하면 평생 몸이 기억합니다. 글쓰기 습관도 마찬가지예요. 어릴 때 연필 잡는 자세와 글씨 쓰는 법을 제대로 습득하면 평생토록 기억합니다.

연필 쥐는 법과 자세가 나쁘면 글씨를 쓸 때 힘의 균형이 무너집니다. 그러면 선과 구조도 무너지게 되어 조사까지 이어 쓰는 힘이 들쭉날쭉해지죠. 종국에는 문장 전체가 흐트러져 띄어쓰기 구분이 안 되고 글자의 크기도 제각각이 됩니다. 이런 상황이 되면 아이는 글쓰기 자체를 싫어하고, 몇 문장 쓰는 것조차도 힘들어하게 됩니다. 바른 자세와 바르게 연필 잡는 법을 정확히 알아야 하는 이유입니다. 바른 자세에서 바른 글씨가 나오기 때문이지요.

글씨를 잘 쓰면 손 근육이 강해질 뿐 아니라 집중력과 학습 능력이 향상해요

그렇다면 글씨는 왜 잘 써야 할까요? 아이도, 글쓰기에 대해 별 관심 없던 부모님도 궁금할 겁니다. 여기에 대치동 초등 엄마들이 글씨 학원을 찾는 이유가 있습니다.

많은 학자들의 연구 결과뿐 아니라 저의 경험으로 비추어 볼 때, 글씨 쓰기는 신체 발달과 두뇌 발달은 물론 학습 능력과도 밀접한 관계가 있습니다. 바른 집필법으로 손가락의 힘을 균등하게 모아 약, 중, 강으로 힘을 늘려나가면 손 근육이 강해집니다. 손가락과 손의 힘 조절도 아주 섬세해지지요. 이는 집중력 향상으로 이어집니다. 연필심 끝의 힘을 손끝으로 느끼면서 글자의 크기, 사이 간격 등을 신경 쓰며 글씨를 쓰게 되어 집중력이 더 좋아지는 것이지요. 뿐만 아니라 글씨 연습을 하면 자연스럽게 맞춤법과 띄어쓰기를 익히고, 문장 전체를 이해하는 이해력이 높아져 학습 능력도 향상됩니다. 혼자 글을 쓰고 보고 생각하고 판단을 내리는 종합적인 뇌 활동도 활발해지며 글쓰기의 즐거움도 생깁니다. 이런 이유라면 글씨 연습을 안 할 수 없겠지요?

이 책은 우리 아이에게 바른 글쓰기 방법을 정확히 알려 주어 반듯하고 예쁜 글씨를 쓰는 데 초석을 만들어 줄 것입니다. 글씨를 베껴 쓰거나 따라 그리는 것이 아니라 손끝으로 연필 끝을 같이 느끼며 감각을 훈련한다는 마음으로 이 책을 따라와 주면 좋겠습니다. 하루 10분이면 충분합니다. 천천히 또박또박 쓰려는 노력이 무엇보다 중요하지요. 나쁜 습관은 하루아침에 없어지지 않습니다. 부모님들은 아이를 충분히 기다려 주고, 칭찬을 아끼지 마세요. 한 장 한 장 연습하다 보면 어느새 바른 글씨로 변해 있을 겁니다.

유성영

바른 글씨 술술 써지는 책 100% 활용법

STEP 1 집에서 아이의 악필을 진단해요!

아이가 글씨를 잘 쓰지 못하는 원인을 찾는 게 무엇보다 중요해요. 아이의 글씨를 정확히 파악한 뒤 악필의 유형에 따라 교정할 수 있도록 저자의 교정 비법을 담았습니다. 지금 당장, 아이의 글씨를 진단해 보세요.

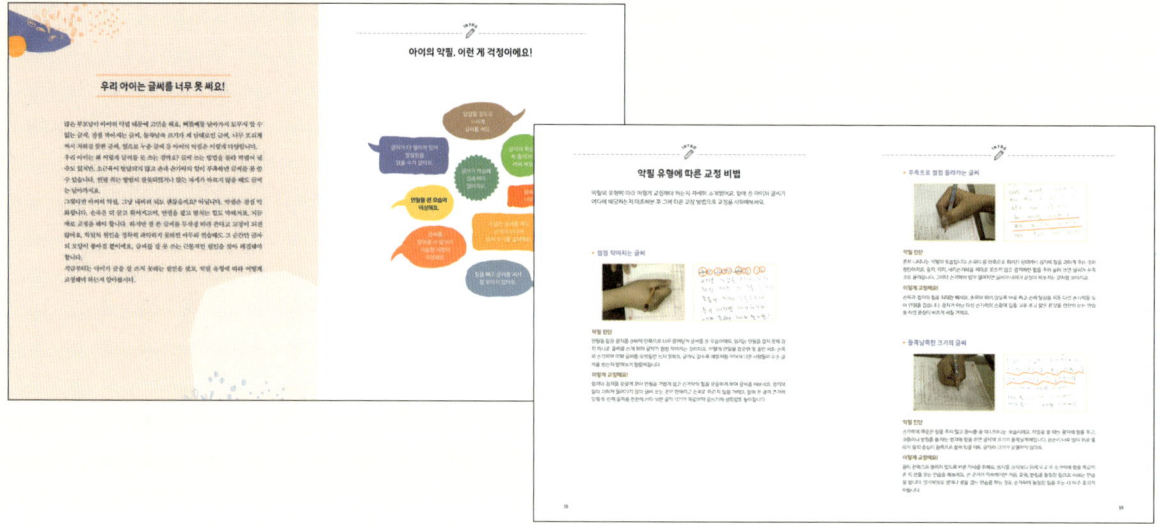

STEP 2 바르게 글씨 쓰는 방법을 익혀요!

바른 자세로 앉아 바르게 연필을 잡아야 올바르고 곧은 글씨를 쓸 수 있어요. 바르게 앉는 방법, 연필을 제대로 잡는 방법 등 바른 글씨 쓰기의 4가지 키포인트를 익혀 보세요.

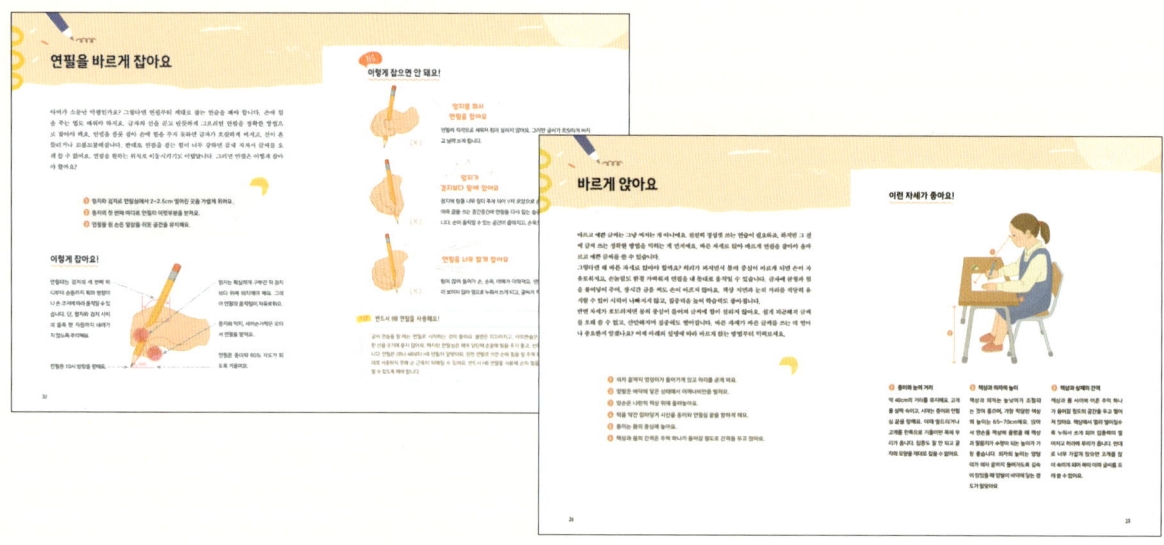

악필을 벗어던지고 바르고 예쁜 글씨를 쓰려면,
악필을 완벽하게 교정하는 단계별 글씨 쓰기에 도전하세요.

STEP 3 정확하고 올바르게 글자를 연습해요!

글쓰기의 기본인 자음과 모음부터 다시 차근차근 연습해 보세요. 획순과 정확한 쓰기 방법을 꼼꼼히 담았어요. 교정틀의 기준선에 맞춰 자음과 모음의 정확한 위치를 익혀 보세요. 자음, 모음 쓰기에 자신감이 붙었다면 다양한 형태(◁, △, ◇)의 글자 모양에 맞춰 쓰기 연습도 진행해 보세요.

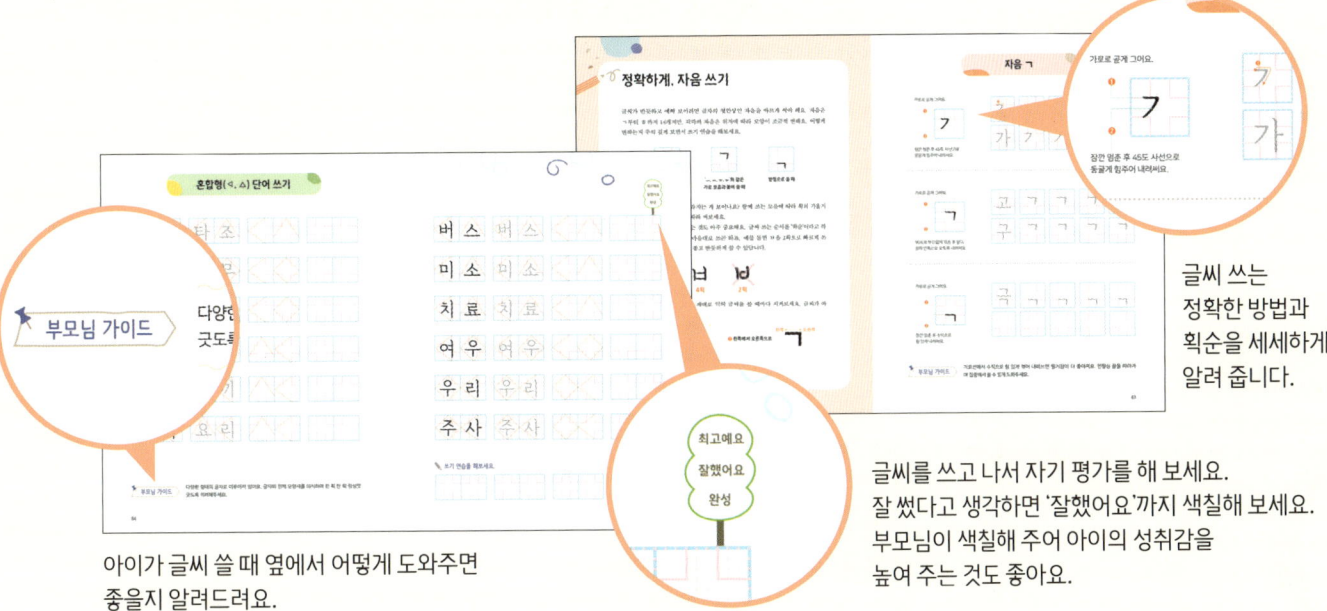

글씨 쓰는 정확한 방법과 획순을 세세하게 알려 줍니다.

글씨를 쓰고 나서 자기 평가를 해 보세요. 잘 썼다고 생각하면 '잘했어요'까지 색칠해 보세요. 부모님이 색칠해 주어 아이의 성취감을 높여 주는 것도 좋아요.

아이가 글씨 쓸 때 옆에서 어떻게 도와주면 좋을지 알려드려요.

STEP 4 또박또박, 가지런하게 문장 쓰기에 도전해요!

본격적으로 문장 쓰기 연습을 해 보세요. 바른 글씨를 내 글씨로 만들어 주는 단계랍니다. 교과서에 나오는 고사성어, 속담, 동시, 동화 등을 따라 쓰며 바른 글씨체를 손에 익혀 보세요. 특히 틀리기 쉬운 맞춤법, 받아쓰기, 띄어쓰기 등을 수록했습니다. 미리 따라 써 보며 자신감을 키우고, 받아쓰기 능력도 키워 보세요.

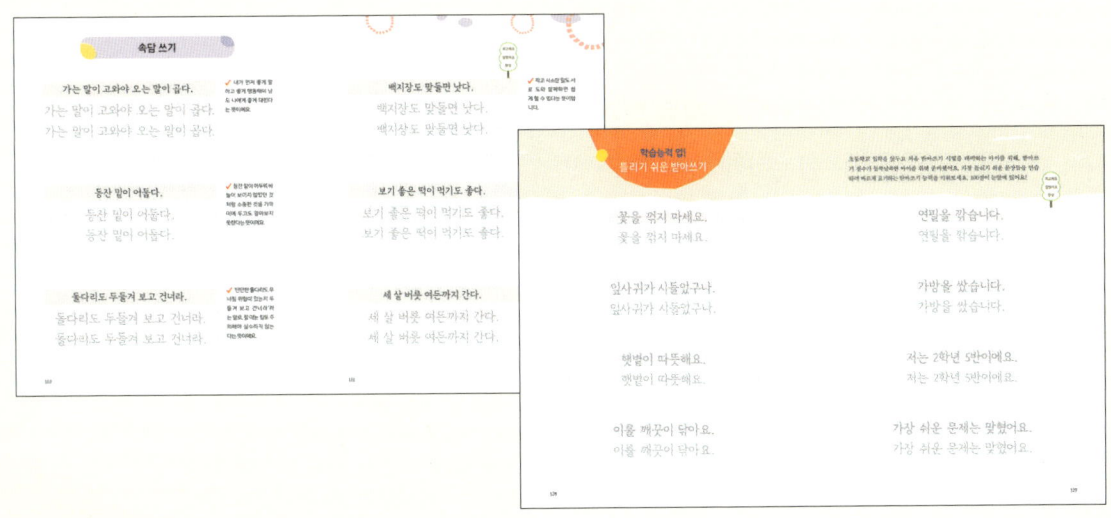

차례

PROLOGUE 6
바른 글씨 술술 써지는 책 100% 활용법 8

INTRO 글씨 쓰기 전, 집에서 하는 내 아이의 악필 진단

아이의 악필, 이런 게 걱정이에요! 15
아이가 글씨를 못 쓰는 원인은 다양해요 16
우리 아이 글씨 진단 17
악필 유형에 따른 교정 비법 18
왼손잡이 악필 교정 비법 22

PART 01 예쁜 글씨, 바른 글씨 쓸 수 있어요

바르게 앉아요 26
연필을 바르게 잡아요 30
글자 모양을 생각하며 써요 32
반듯하게 선을 그어요 34
가로선&세로선 긋기 35 ᅵ 사선 긋기 36 ᅵ 둥근 선 긋기 38 ᅵ 다양한 도형 긋기 40

PART 02 차근차근, 처음부터 글자 연습

정확하게, 자음 쓰기 44
반듯하게, 모음 쓰기 59
글자 모양 생각하며, 한 단어 쓰기 66
세로 구조(◁) 따라 쓰기 67 ᅵ 가로 구조(△, ◇) 따라 쓰기 72
쌍자음 들어간 가로 구조(△, ◇) 따라 쓰기 77
SPECIAL PAGE 잠깐! 쉬어가기 〈그림 따라 그리기〉 78

PART 03 — 또박또박, 글씨가 예뻐지는 글자 연습
교과서 속 단어를 따라 쓰며 글자 모양을 바로잡아요!

받침 없는 단어 쓰기 82
세로형(◁) 단어 쓰기 83 ㅣ 가로형(△, ◇) 단어 쓰기 84 ㅣ 혼합형(◁, △) 단어 쓰기 86
이중 모음 단어 쓰기 88 ㅣ 복합 모음 단어 쓰기 89

받침 있는 단어 쓰기 90
네모형(□) 구조 단어 쓰기 91 ㅣ 마름모형(◇) 구조 단어 쓰기 94
받침이 모두 들어간 네모형(□) 구조 단어 쓰기 96 ㅣ 받침이 모두 들어간 마름모형(◇) 구조 단어 쓰기 98

학습능력 업! 틀리기 쉬운 맞춤법 틀리기 쉬운 단어 100 ㅣ 헷갈리기 쉬운 단어 104
SPECIAL PAGE 잠깐! 쉬어가기 〈미로 찾기〉 106

PART 04 — 가지런히, 쓰기만 해도 술술 읽히는 문장 연습
교과서 속 내용을 따라 쓰며 자신감과 성적이 쑥쑥!

같은 높이로 문장 쓰기 110
고사성어 쓰기 111 ㅣ 속담 쓰기 114

명확하게 띄어 쓰는 문장 연습 118
동시 쓰기 119 ㅣ 교과서 내용 쓰기 124

학습능력 업! 틀리기 쉬운 받아쓰기 130
학습능력 업! 틀리기 쉬운 띄어쓰기 134
SPECIAL PAGE 잠깐! 쉬어가기 〈숨은 그림 찾기〉 138

PART 05 — 귀엽게 쓰는 생활 속 다양한 손글씨

숫자 & 알파벳 글씨 연습 142
숫자 쓰기 143 ㅣ 알파벳 쓰기 144 ㅣ 영어 문장 쓰기 146

일상생활 속 글씨 연습 148
이름표 쓰기 149 ㅣ 일기 쓰기 150 ㅣ 알림장 쓰기 152 ㅣ 편지 쓰기 154 ㅣ 축하 카드 쓰기 157

INTRO

글씨 쓰기 전,
집에서 하는
내 아이의 악필 진단

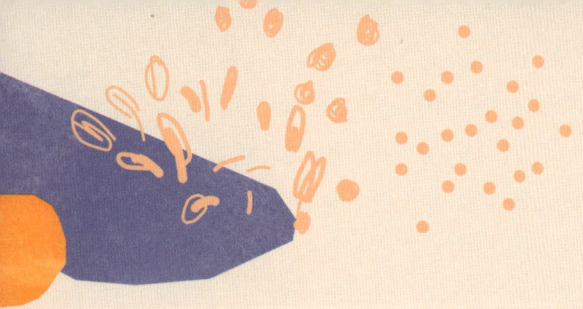

우리 아이는 글씨를 너무 못 써요!

많은 부모님이 아이의 악필 때문에 고민을 해요. 삐뚤빼뚤 날아가서 도무지 알 수 없는 글씨, 점점 작아지는 글씨, 들쭉날쭉 크기가 제 맘대로인 글씨, 너무 흐리게 써서 지워질 듯한 글씨, 옆으로 누운 글씨 등 아이의 악필은 이렇게 다양합니다.
우리 아이는 왜 이렇게 글씨를 못 쓰는 걸까요? 글씨 쓰는 방법을 몰라 악필이 될 수도 있지만, 소근육이 발달되지 않고 손과 손가락의 힘이 부족하면 글씨를 못 쓸 수 있습니다. 반대로 손가락의 힘을 한쪽으로 많이 주어 손가락이나 손이 아파 일정하게 힘을 주지 못할 때도 글씨를 못 씁니다. 연필 쥐는 방법이 잘못되었거나 앉는 자세가 바르지 않을 때도 글씨는 날아가지요.
그렇다면 아이의 악필, 그냥 내버려 둬도 괜찮을까요? 아닙니다. 악필은 점점 악화됩니다. 손목은 더 굳고 휘어지며, 연필을 잡고 받치는 힘도 약해지죠. 지금 바로 교정을 해야 합니다. 하지만 잘 쓴 글씨를 무작정 따라 쓴다고 교정이 되진 않아요. 악필의 원인을 정확히 파악하지 못하면 아무리 연습해도 그 순간만 글자의 모양이 좋아질 뿐이에요. 글씨를 잘 못 쓰는 근본적인 원인을 찾아 해결해야 합니다.
지금부터는 아이가 글을 잘 쓰지 못하는 원인을 찾고, 악필 유형에 따라 어떻게 교정해야 하는지 알아봅시다.

아이의 악필, 이런 게 걱정이에요!

- 답답할 정도로 느리게 글씨를 써요.
- 글자가 다 떨어져 있어 알림장을 읽을 수가 없어요.
- 글자의 획순을 확 줄이거나 바꿔 써요.
- 글쓰기 학습에 집중력이 떨어져요.
- 연필을 쥔 모습이 이상해요.
- 글씨 쓸 때 힘을 너무 많이 줘요.
- 조금만 글씨를 써도 손이 아프다며 글씨 쓰기를 싫어해요.
- 글씨를 알아볼 수 없어서 서술형 시험이 걱정돼요.
- 힘을 빼고 글씨를 써서 잘 보이지 않아요.

아이가 글씨를 못 쓰는 원인은 다양해요

원인 1 잘못된 집필법

연필을 바르게 잡지 못할 경우 아래와 같은 악필의 모습이 나타나요.

① **너무 힘을 주고 글씨를 써요.** 중지, 약지, 새끼손가락이 연필을 받쳐 주지 않고 검지를 누른 상태로 글씨를 쓰거나 엄지를 손목 안쪽으로 당겨서 쓰기 때문이에요.

② **획순을 줄여 써요.** 연필을 제대로 잡지 않으면 글쓰기가 불편해져서 획순을 줄여 쓰게 돼요.

③ **연필을 쥐는 것이 이상해요.** 다섯 손가락을 바르게 모으지 못하고 검지나 엄지에 힘을 많이 줄 때 나타나는 모습으로, 연습 잡는 정확한 방법을 익히지 못했기 때문이에요.

원인 2 잘못된 자세

허리를 구부리고 몸의 중심을 바로 잡지 않을 때, 손의 위치가 잘못되었을 때 아래와 같은 문제가 발생해요.

① **글자의 획순을 바꿔 써요.** 왼쪽이나 오른쪽으로 손목이 꺾인 채로 글씨를 쓰면 몸의 중심이 왼쪽이나 오른쪽으로 쏠리게 되어 글자의 획순을 바꿔 쓰게 돼요.

② **집중이 잘 안 돼서 글씨 쓰는 것을 싫어해요.** 의자에 걸터앉고 등을 뒤로 기대는 자세를 취하면 손에 힘을 제대로 줄 수 없어 집중력이 떨어지고 산만해져요.

원인 3 손가락의 힘과 손끝의 감각 부족

운필력이 부족해 손에 힘을 주지 못하거나 손끝의 감각이 제대로 길러지지 않았을 때 나타나는 문제예요.

① **글씨를 날려 써요.** 손끝의 힘이 종이에 제대로 실리지 않으면 힘의 구별이 되지 않아 날려 쓰게 돼요.

② **글자를 모아쓰려고 해도 잘 안 모아져요.** 손의 힘이 부족해 연필을 느슨하게 잡게 되면 글자들이 흩어져요.

③ **손에 힘을 주면 글씨 쓰는 속도가 너무 느려져 답답해서 힘을 빼고 써요.** 손가락에 힘을 주는 방식이 잘못된 경우예요. 어느 손가락에는 지나치게 힘을 많이 주고, 어느 손가락에는 힘을 전혀 주지 않는 등 손의 힘을 제대로 사용하지 못해 움직임이 느려지는 겁니다. 그래서 필기를 빨리하기 위해 결국 힘을 빼고 쓰게 되는 것이지요.

우리 아이 글씨 진단

아이의 악필이 어떤 유형인지 파악하기 위해 평소 쓰던 것처럼 자연스럽게 글씨를 쓰게 합니다. 이 글씨를 바탕으로 악필의 유형을 진단해 보세요.

- **엄마 사랑해요.**

- **예쁜 글씨 바른 글씨 또박또박**

- **매일매일이 좋을 수는 없어.
  그런데 잘 찾아보면 매일매일 좋은 일은 있다고!**

악필 유형에 따른 교정 비법

악필의 유형에 따라 어떻게 교정해야 하는지 자세히 소개했어요. 앞에 쓴 아이의 글씨가 어디에 해당하는지 대조해 본 후 그에 따른 교정 방법으로 교정을 시작해 보세요.

글씨 크기와 진하기가 알맞고, 글자의 간격과 띄어쓰기가 잘 된 바른 글씨의 모습이에요. 이 글씨와 아이의 글씨가 어떻게 다른지 비교해 보세요.

● **점점 작아지는 글씨**

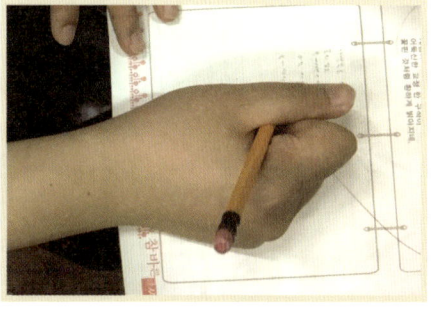

악필 진단
연필을 잡은 검지를 손바닥 안쪽으로 너무 끌어당겨 글씨를 쓴 모습이에요. 엄지의 손끝으로 연필을 잡지 못해 검지 하나로 당겨서 글씨를 쓰게 되어 글자가 점점 작아지는 것이지요. 이렇게 연필을 잡으면 몇 줄만 써도 손목과 손가락이 아파 글씨를 오랫동안 쓰지 못하죠. 글자도 갈수록 깨알처럼 작아져 다른 사람들이 무슨 글자를 썼는지 알아보기 힘들어집니다.

이렇게 교정해요!
엄지와 검지를 둥글게 모아 연필을 가볍게 잡고 손가락의 힘을 균등하게 하여 글씨를 써 보세요. 검지에 힘이 과하게 들어가지 않아 글씨 쓰는 것이 편해지고 손목도 아프지 않을 거예요. 앞에 쓴 글자 크기에 맞춰 두 번째 글자를 천천히 쓰다 보면 글자 크기가 똑같아져 글쓰기의 성취감도 높아집니다.

● 우측으로 점점 올라가는 글씨

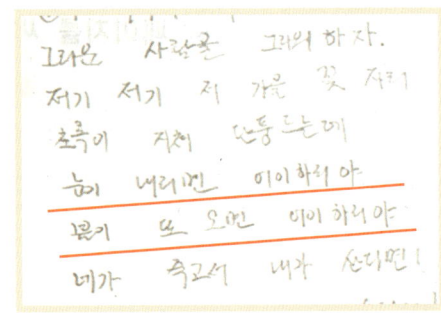

악필 진단

흔히 나타나는 악필의 모습입니다. 손목이 몸 안쪽으로 휘어진 상태에서 검지에 힘을 과하게 주는 것이 원인이지요. 중지, 약지, 새끼손가락을 제대로 모으지 않고 검지에만 힘을 주어 눌러 쓰면 글씨가 우측으로 올라갑니다. 그러다 손가락의 힘이 떨어지면 글씨가 내려가 문장이 파도치는 것처럼 보이지요.

이렇게 교정해요!

손목과 검지의 힘을 최대한 빼세요. 손목이 휘지 않도록 바로 펴고 손에 달걀을 쥐듯 다섯 손가락을 모아 연필을 잡습니다. 검지가 아닌 다섯 손가락의 손끝에 힘을 고루 주고 짧은 문장을 천천히 쓰는 연습을 하면 문장이 바르게 써질 거예요.

● 들쭉날쭉한 크기의 글씨

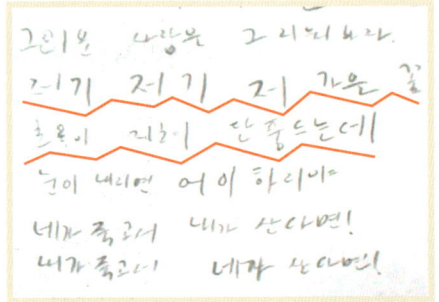

악필 진단

손가락에 똑같은 힘을 주지 않고 글씨를 쓸 때 나타나는 모습이에요. 자음을 쓸 때는 검지에 힘을 주고, 모음이나 받침을 쓸 때는 엄지에 힘을 주면 글자의 크기가 들쭉날쭉해집니다. 왼손이 너무 많이 위로 올라가 몸의 중심이 왼쪽으로 쏠려 있을 때도 글자의 크기가 균일하지 않아요.

이렇게 교정해요!

몸이 왼쪽으로 쏠리지 않도록 바른 자세를 취해요. 엄지를 검지보다 위에 두고 두 손가락에 힘을 똑같이 준 뒤 선을 긋는 연습을 해 보세요. 선 긋기가 익숙해지면 자음, 모음, 받침을 동일한 힘으로 써 보는 연습을 합니다. 젓가락으로 쌀이나 콩을 잡는 연습을 하는 것도 손가락에 동일한 힘을 주는 데 아주 효과적이랍니다.

• 띄어쓰기가 되지 않는 글씨

 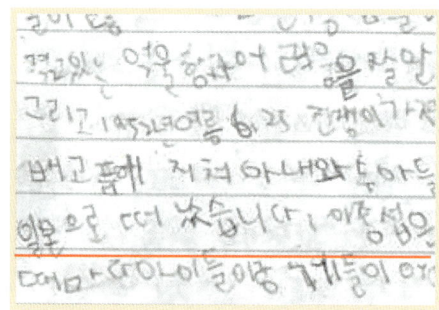

악필 진단
힘의 부재가 원인이에요. 연필을 잡은 손의 힘이 자신도 모르게 풀어져 집중력이 떨어지면서 띄어쓰기를 제대로 하지 못하게 된 것입니다. 손의 힘이 부족하면 단어를 조합하는 글자가 서로 떨어져 글씨가 다 퍼져 보여요. 띄어쓰기가 잘 구분되지 않아 문장 전체가 산만해 보입니다.

이렇게 교정해요!
연필을 쥐고 손에 힘이 너무 들어가거나 너무 느슨하게 되지 않도록 신경 쓰면서 세로선과 가로선을 그어 보세요. 힘의 강약 조절이 가능해지면 정자체 쓰기를 연습해 봅니다. 한 글자를 이루는 단어는 살짝 붙여 쓰고, 단어와 단어는 떨어지는 부분이 확실히 보이도록 띄어쓰기를 연습해 보세요.

• 자음과 모음을 분명하게 쓰지 않고 날려 쓰는 글씨

 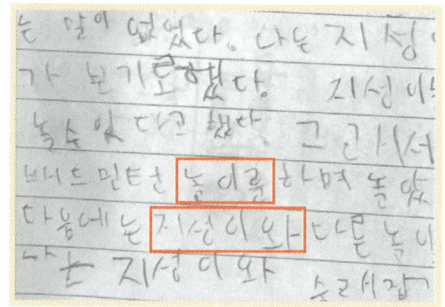

악필 진단
글자의 시작점에서는 힘을 느끼지만, 마무리에서 손끝의 힘이나 연필심 끝의 힘을 정확히 느끼지 못할 때 나타나는 글자의 모습이에요. 한 글자를 다 쓸 때까지 힘을 주지 못해 'ㅇ'의 시작과 끝을 서로 맞추지도 못하지요. 이 역시 손힘의 부재가 원인입니다.

이렇게 교정해요!
연필 잡는 법을 다시 익혀 보세요. 연필을 바르게 잡아야 선이 반듯해지고 글자의 모양을 제대로 쓸 수 있습니다. 연필심 끝에 힘을 실어 글자의 시작점부터 끝점까지 같은 힘으로 또박또박 쓸 수 있도록 천천히 연습해 보세요. 선과 선을 끝까지 연결해 그어야 한다는 것을 잊지 마세요.

● 획순을 줄여 쓴 글씨

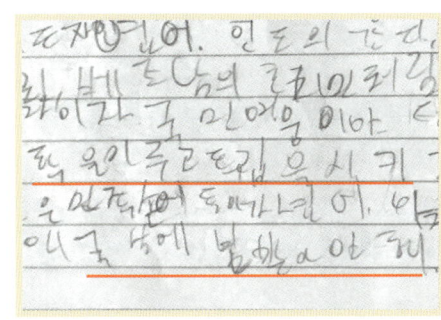

악필 진단
글씨를 빠르게 쓰는 친구들에게 흔히 나타납니다. 시간에 쫓겨 쓰다 보니 획순을 줄여 쓰게 되는 것이죠. 연필을 바르게 잡지 못할 때도 획순을 줄여 써요. 또 몸의 중심이 왼쪽이나 오른쪽으로 쏠리면 자연스럽게 손목도 왼쪽이나 오른쪽으로 꺾여 획순을 줄여 쓰는 모습을 보입니다.

이렇게 교정해요!
글자를 빠르게 쓰려 하지 말고 차분히 한 획씩 순서에 맞춰 쓰는 연습을 해야 합니다. 모든 선을 하나하나 정성 들여 쓰는 습관을 들이는 것이 좋아요. 무엇보다 바른 자세로 앉아야 바른 글씨를 쓸 수 있다는 사실을 잊지 마세요. 허리를 펴고 몸의 중심을 세워 글씨 쓰는 연습을 해야 글씨가 예뻐집니다.

● 너무 흐릿한 글씨

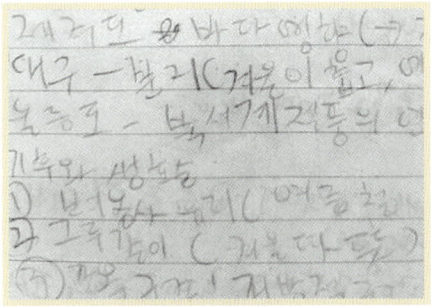

악필 진단
손의 힘이 부족하고 손끝의 감각이 부족할 경우 글씨가 흐릿하게 써져요. 한 자 한 자 뚜렷하고 힘 있게 쓰는 습관이 들지 않았을 때 고학년이 되어 글쓰기 양이 늘어나면 글씨는 더욱 흐려집니다. 연필을 잡을 때 엄지를 펴면 연필심에 힘이 실리지 않아 글씨가 흐려지기도 합니다.

이렇게 교정해요!
글씨가 흐릿하면 전체적으로 문장이 성의가 없어 보여요. 선을 뚜렷하고 반듯하게 그을 수 있도록 동일한 힘으로 선 긋는 연습부터 시작해 봅니다. 세모, 네모, 마름모 도형도 동일한 힘을 주어 그려 보는 연습을 한 뒤 적정한 선의 두께가 나왔을 때 정자체 쓰기를 연습해 보세요.

왼손잡이 악필 교정 비법

왼손으로 글씨를 쓰는 아이가 오른손으로 쓰는 아이보다 4배 더 힘들다는 사실을 알고 있나요? 연필을 잡은 손이 필기한 내용을 가리고, 오른손으로 글씨를 쓸 때와 연필의 방향이 달라지기 때문이죠. 자세가 무너지면서 더욱더 악필이 되기 쉬운 왼손잡이 아이, 어떻게 교정해야 할까요? 아이가 어리다면 글씨 쓰는 것만큼은 오른손으로 바꿔 연습시키는 것이 좋습니다. 다만 계속 왼손으로 글씨를 쓰려고 한다면 바른 자세로 쓸 수 있게 도와주세요. 왼손으로 글씨 쓸 때 나타나기 쉬운 잘못된 자세와 그에 따른 교정 방법을 담았습니다. 아이의 자세가 어떤지 살펴보고 그에 맞는 방법으로 교정을 시작해 보세요.

• 노트를 삐뚤어지게 놓고 고개를 푹 숙이는 자세

악필 진단
글씨 쓰는 방향이 왼쪽에서 오른쪽으로 가기 때문에 손이 시야를 가립니다. 따라서 글씨를 편하게 보기 위해 노트를 삐뚤어지게 놓거나 고개를 푹 숙이죠. 검지가 엄지를 말면서 두 손가락의 힘이 왼쪽 아래, 7시를 향하는 것도 원인입니다. 연필의 각도가 아래로 향하기 때문에 글자를 보려면 고개를 숙일 수밖에 없죠.

이렇게 교정해요!
연필을 올바르게 잡지 않으면 자세도, 글자의 모양도 무너집니다. 왼손으로 글씨를 써야 할 경우 더욱더 올바른 집필법을 익혀야 합니다. 엄지와 검지로 연필을 가볍게 잡고 중지, 약지, 새끼손가락으로 연필의 아랫부분을 받친 뒤 손가락의 힘을 균등하게 하면서 글씨를 써 보세요. 이때 연필심의 방향은 6시가 아니라 1시 방향이 되어야 합니다. 허리를 펴고 양손을 책상에 나란히 올린 뒤 글씨를 쓰면 한결 편한 자세가 될 거예요.

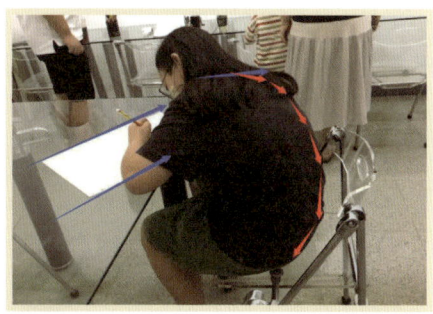

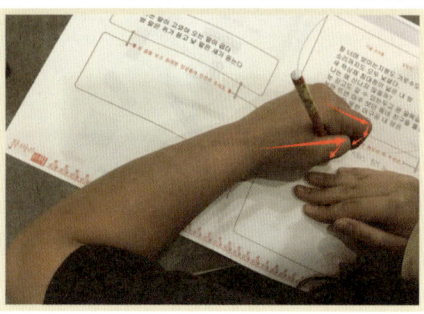
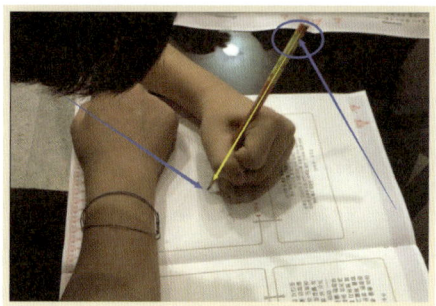

● 글씨를 쓰면서 연필 잡은 손을 자주 드는 습관

자세 진단
글씨 쓰는 손이 시야를 가려 필기한 내용을 볼 수 없을 때 나타나는 현상이에요. 손목이 꺾이거나 손아귀의 힘으로 글씨를 쓸 때 반복적으로 나타나지요. 이럴 경우 문장은커녕 단어조차 묶어 쓰지 못해 한 글자 쓰고 확인하는 상황이 발생합니다.

이렇게 교정해요!
손을 드는 행동이 습관으로 자리 잡으면 필기 시간이 길어지고 학습에 집중하기 어려워져요. 가장 먼저 손목에 힘을 빼고 다섯 손가락을 모아 연필을 잡는 연습부터 시작해 보세요. 연필을 조금 느슨하게 잡고 가로선, 세로선, 사선, 원을 긋는 연습을 자주 하면 글씨 쓸 때 연필심에 힘이 실리지 않아 글쓰기가 쉬워집니다.

 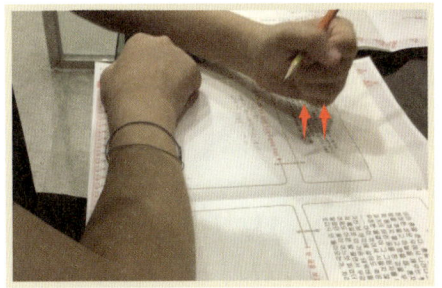

● 몸과 목의 중심이 오른쪽으로 쏠리는 자세

자세 진단
노트를 몸의 중심에 놓고 쓰면 연필심의 끝이 왼쪽 하단을 향하면서 오른쪽으로 가게 되어 손에 힘을 주게 됩니다. 오른쪽으로 갈수록 손에 더 많은 힘이 들어가 손목이 꺾이고 몸의 중심이 오른쪽으로 무너지면서 목도 오른쪽으로 쏠리게 되죠. 그러면 몸이 쉽게 피곤해지고 집중하는 데 어려움을 겪게 됩니다.

이렇게 교정해요!
고학년으로 갈수록 필기량이 많아지기 때문에 그 전에 자세를 바르게 교정해야 합니다. 허리를 펴고 고개를 약간 숙여 책상과 약 40㎝의 거리를 유지한 뒤 노트를 몸의 왼쪽 가슴 위치에 놓습니다. 왼쪽에 노트를 놓고 글씨를 쓰면 필기한 내용이 잘 보이고 손의 움직임도 자연스러워집니다. 바른 자세를 취하기도 쉽죠. 이때 오른손으로 노트를 살짝 잡되 오른쪽 팔꿈치가 책상에 올라가지 않도록 주의합니다.

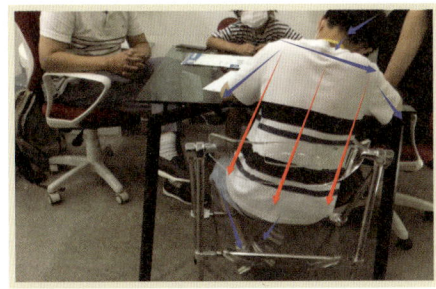 

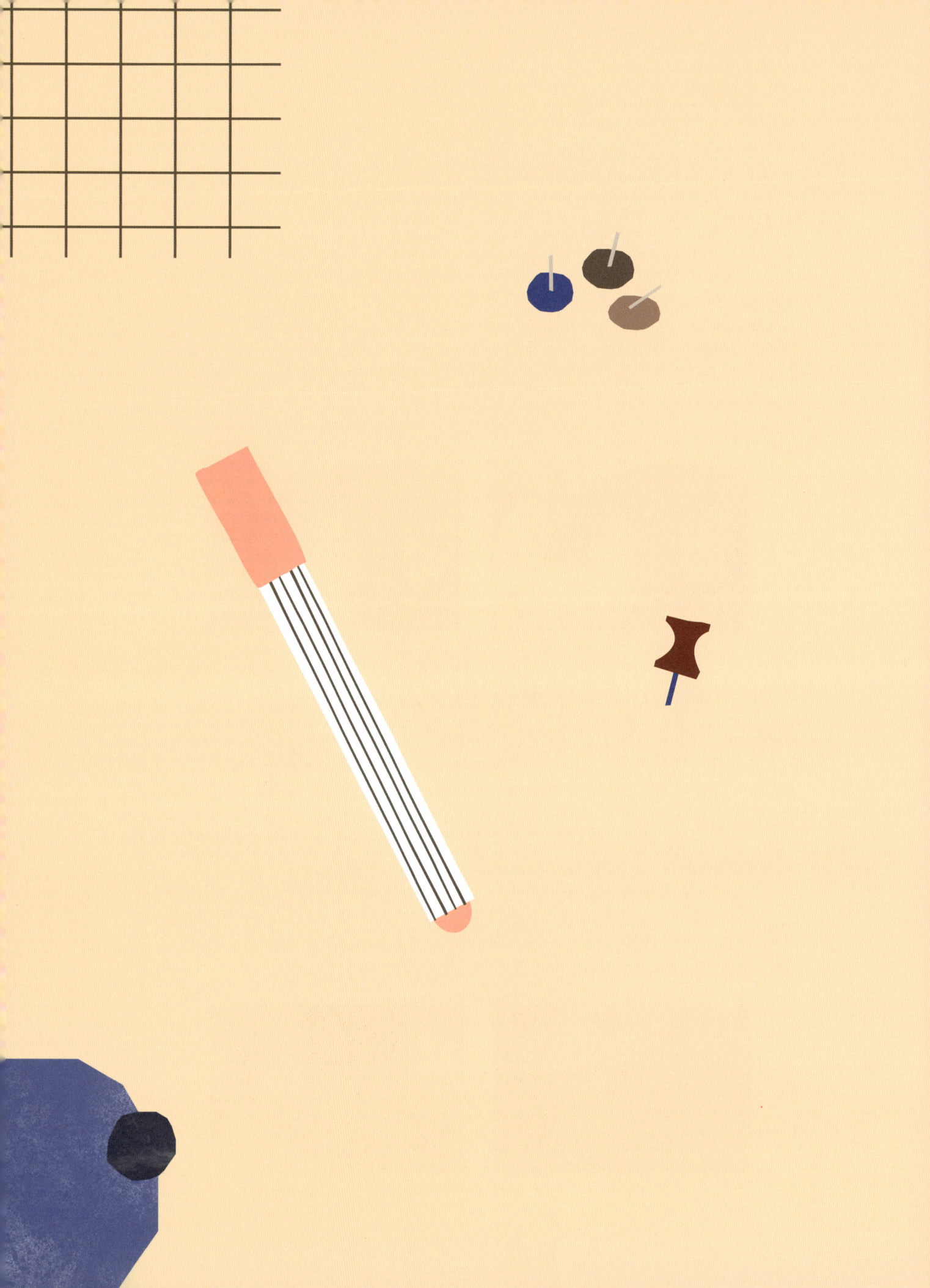

PART 01

예쁜 글씨, 바른 글씨 쓸 수 있어요

바르게 앉아요

바르고 예쁜 글씨는 그냥 써지는 게 아니에요. 천천히 정성껏 쓰는 연습이 필요하죠. 하지만 그 전에 글씨 쓰는 정확한 방법을 익히는 게 먼저예요. 바른 자세로 앉아 바르게 연필을 잡아야 올바르고 예쁜 글씨를 쓸 수 있습니다.

그렇다면 왜 바른 자세로 앉아야 할까요? 허리가 펴지면서 몸의 중심이 바르게 되면 손이 자유로워지고, 손놀림도 한결 가벼워져 연필을 내 뜻대로 움직일 수 있습니다. 글자에 균형과 힘을 불어넣어 주며, 장시간 글을 써도 손이 아프지 않아요. 책상 지면과 눈의 거리를 적당히 유지할 수 있어 시력이 나빠지지 않고, 집중력을 높여 학습력도 좋아집니다.

반면 자세가 흐트러지면 몸의 중심이 틀어져 글씨에 힘이 실리지 않아요. 쉽게 피곤해져 글씨를 오래 쓸 수 없고, 산만해지며 집중력도 떨어집니다. 바른 자세가 바른 글씨를 쓰는 데 얼마나 중요한지 알겠나요? 이제 아래의 설명에 따라 바르게 앉는 방법부터 익혀 보세요.

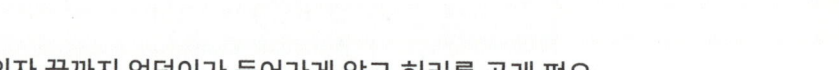

1. 의자 끝까지 엉덩이가 들어가게 앉고 허리를 곧게 펴요.
2. 양발은 바닥에 닿은 상태에서 어깨너비만큼 벌려요.
3. 양손은 나란히 책상 위에 올려놓아요.
4. 턱을 약간 잡아당겨 시선을 종이와 연필심 끝을 향하게 해요.
5. 종이는 몸의 중심에 놓아요.
6. 책상과 몸의 간격은 주먹 하나가 들어갈 정도로 간격을 두고 앉아요.

이런 자세가 좋아요!

❶ 종이와 눈의 거리

약 40cm의 거리를 유지해요. 고개를 살짝 숙이고, 시야는 종이와 연필심 끝을 향해요. 이때 엎드리거나 고개를 한쪽으로 기울이면 목에 무리가 옵니다. 집중도 잘 안 되고 글자의 모양을 제대로 잡을 수 없어요.

❷ 책상과 의자의 높이

책상과 의자는 높낮이가 조절되는 것이 좋으며, 가장 적당한 책상의 높이는 65~70cm예요. 앉아서 양손을 책상에 올렸을 때 책상과 팔꿈치가 수평이 되는 높이가 가장 좋습니다. 의자의 높이는 엉덩이가 의자 끝까지 들어가도록 깊숙이 앉았을 때 양발이 바닥에 닿는 정도가 알맞아요.

❸ 책상과 상체의 간격

책상과 몸 사이에 어른 주먹 하나가 들어갈 정도의 공간을 두고 떨어져 앉아요. 책상에서 멀리 떨어질수록 누워서 쓰게 되어 집중력이 떨어지고 허리에 무리가 옵니다. 반대로 너무 가깝게 앉으면 고개를 많이 숙이게 되어 목이 아파 글씨를 오래 쓸 수 없어요.

종이와 손의 위치 바로잡기

오른손으로 글씨를 쓰는 경우

종이는 항상 몸의 중심에 놓고, 양손은 수평이 되게 나란히 책상 위에 올려놓습니다. 그 상태에서 왼손은 1시 방향, 오른손은 11시 방향을 향하는 것이 좋아요. 이때 왼손은 오른손보다 아래쪽에 위치해야 몸의 중심을 잡을 수 있습니다.

왼손으로 글씨를 쓰는 경우

종이는 몸의 왼쪽 가슴 위치에 놓고, 양손을 나란히 책상 위에 올려놓습니다. 이때 왼손은 1시 방향, 오른손은 왼손보다 조금 아래로 내려 11시 방향을 향하게 해요. 오른손으로 종이를 잡아야 한다는 것도 잊지 마세요. 그래야 종이가 삐뚤어지는 것을 방지할 수 있고, 왼손도 자연스럽게 움직일 수 있답니다.

팔꿈치를 책상에 올리면 안 돼요!

오른손으로 글씨를 쓰는 경우 왼쪽 팔꿈치를 책상 위에 올리면 몸의 중심이 왼쪽으로 쏠려 어깨와 목이 아파져요. 반대로 오른쪽 팔꿈치를 책상 위에 올리면 손에 힘이 들어가지 않아 글씨에 힘이 실리지 않아요. 양쪽 팔꿈치를 모두 올릴 경우 몸이 앞으로 기울면서 눈과 연필심의 간격이 너무 가까워져 시력이 나빠집니다.

어깨 밖으로 손이 벗어나면 안 돼요!

종이를 오른쪽으로 두어 오른손이 오른쪽 어깨 밖으로 나가면 왼손으로 종이를 잡지 못해 글자의 중심을 잡고 쓰기가 어려워져요. 손의 각도가 틀어지면서 오른손에 힘을 많이 주게 되어 글씨를 조금만 써도 손이 아프고 어깨가 금방 지칩니다. 왼손으로 글씨를 쓰는 경우도 마찬가지예요. 왼손이 왼쪽 어깨 밖으로 나가지 않도록 주의합니다.

N.G 이렇게 앉으면 안 돼요!

엎드려서 글을 써요

허리를 구부리거나 엎드리는 것은 가장 좋지 않은 자세예요. 상체가 앞으로 쏠려 금세 허리가 아파지고 눈의 시력도 나빠져요. 글씨도 삐뚤빼뚤 쓰게 되지요. 허리를 곧게 펴면 글자의 형태를 쉽게 볼 수 있어 글자의 모양이 좋아집니다.

등을 기대고 의자에 걸터앉아요

책상과 거리가 너무 멀면 손에 힘을 제대로 주고 글씨를 쓸 수 없어요. 집중력도 떨어져 산만해지기 쉽지요. 왼손이 의자를 짚게 되어 글씨를 쓰는 동안 종이가 움직이게 됩니다.

턱을 괴고 앉아요

손으로 턱을 괴고 쓰면 목이 아프고 허리에 변형이 생겨요. 오른손에 힘이 들어가지 않아 힘을 더 주게 되어 장시간 글씨를 쓰면 오른쪽 어깨가 아파집니다. 고개가 기울어져 있어 글씨도 삐뚤어지거나 오르락내리락하게 되지요.

연필을 바르게 잡아요

아이가 소문난 악필인가요? 그렇다면 연필부터 제대로 잡는 연습을 해야 합니다. 손에 힘을 주는 법도 배워야 하지요. 글자의 선을 곧고 반듯하게 그리려면 연필을 정확한 방법으로 잡아야 해요. 연필을 잘못 잡아 손에 힘을 주지 못하면 글자가 흐릿하게 써지고, 선이 흔들리거나 꼬불꼬불해집니다. 반대로 연필을 잡는 힘이 너무 강하면 금세 지쳐서 글씨를 오래 쓸 수 없어요. 연필을 원하는 위치로 이동시키기도 어렵답니다. 그러면 연필은 어떻게 잡아야 할까요?

① 엄지와 검지로 연필심에서 2~2.5cm 떨어진 곳을 가볍게 쥐어요.
② 중지의 첫 번째 마디로 연필의 아랫부분을 받쳐요.
③ 연필을 쥔 손은 달걀을 쥐듯 공간을 유지해요.

이렇게 잡아요!

연필대는 검지의 세 번째 마디부터 손등까지 획의 방향이나 손 크기에 따라 움직일 수 있습니다. 단, 엄지와 검지 사이의 움푹 팬 지점까지 내려가지 않도록 주의해요.

엄지는 확실하게 구부린 뒤 검지보다 위에 위치해야 해요. 그래야 연필의 움직임이 자유로워요.

중지와 약지, 새끼손가락은 모아서 연필을 받쳐요.

연필은 종이와 60도 각도가 되도록 기울여요.

연필은 10시 방향을 향해요.

이렇게 잡으면 안 돼요!

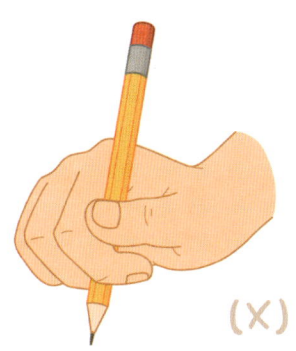

엄지를 펴서 연필을 잡아요

연필이 직각으로 세워져 힘이 실리지 않아요. 그러면 글씨가 흐릿하게 써지고 날려 쓰게 됩니다.

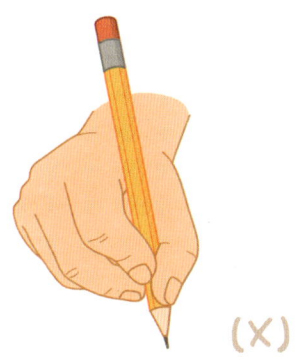

엄지가 검지보다 밑에 있어요

검지에 힘을 너무 많이 주게 되어 V자 모양으로 손가락이 꺾여요. 손가락이 아파 글을 쓰는 중간중간에 연필을 다시 잡는 습관이 생겨 글쓰기가 급해집니다. 손이 움직일 수 있는 공간이 좁아지고, 손목도 안으로 휠 수 있어요.

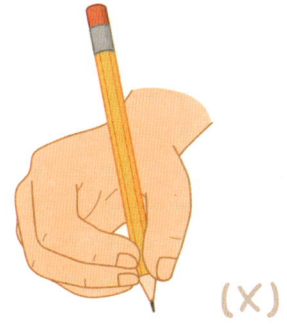

연필을 너무 짧게 잡아요

힘이 많이 들어가 손, 손목, 어깨가 아파져요. 연필을 짧게 잡으면 연필 끝이 보이지 않아 옆으로 누워서 쓰게 되고, 글씨가 작아집니다.

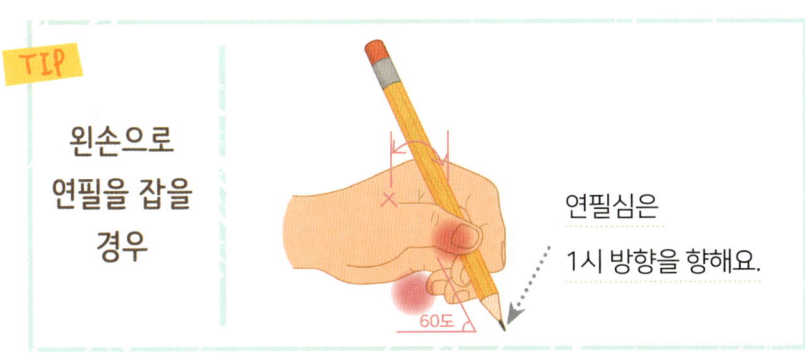

TIP 왼손으로 연필을 잡을 경우 — 연필심은 1시 방향을 향해요.

글자 모양을 생각하며 써요

글씨 쓰기의 기본자세를 익혔다면, 이제 글씨를 안정적인 모양새로 만들어 주는 연습을 시작해볼까요? 글씨를 바르게 쓰려면 많이 써보는 것도 중요하지만, 그보다는 글자의 모양과 반듯한 선이 우선이에요. 자음과 모음의 크기 비율이 알맞고, 글자의 위아래 균형이 잘 맞아야 글씨가 곧고 반듯해 보이거든요.

글자는 크게 다섯 가지 모양에 맞춰 써요. 받침이 없는 글자든 받침이 있는 글자든 모양에 맞춰 쓰면 바르고 예쁜 글씨가 완성된답니다. 아래의 설명을 듣고 글자의 전체 모양새를 의식하며 큰글씨로 먼저 연습을 해 보세요.

- ◁ 모양 : 'ㅏ, ㅑ, ㅓ, ㅕ, ㅣ'와 같은 모음을 곧고 반듯하게 그어야 해요.

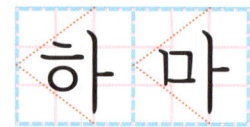

- △ 모양 : 'ㅗ, ㅛ, ㅡ'와 같은 모음은 자음보다 길게 그어야 안정감이 느껴져요.

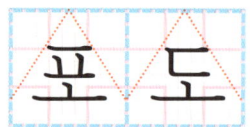

- ◇ 모양 : 자음과 모음의 비율을 생각하며 써요.

- ◇ 모양 : 위의 자음과 아래 받침의 크기를 맞춰 글자가 균형을 이루어야 해요.

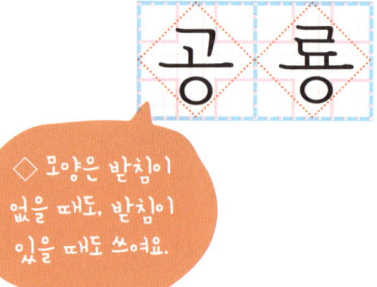

◇ 모양은 받침이 없을 때도, 받침이 있을 때도 쓰여요.

- □ 모양 : 자음, 모음, 받침의 조합이 안정적인 모양새를 이루도록 신경 써요.

하마 하마

포도 포도

두부 두부

공룡 공룡

별명 별명

 쓰기 연습을 해 보세요.

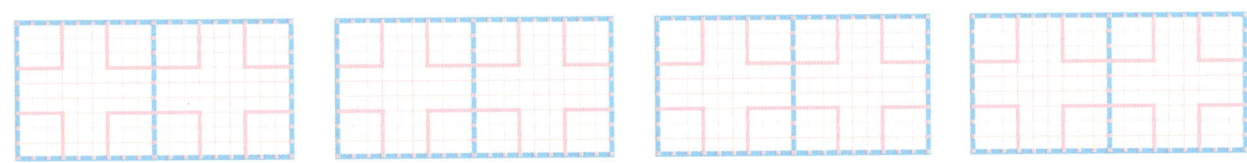

반듯하게 선을 그어요

선만 반듯하게 잘 그어도 글씨가 확 달라진다는 사실! 알고 있나요? 글씨를 잘 쓰려면 선이 반듯하고 깔끔해야 해요. 글자는 모두 선으로 이루어져 있기 때문이지요. 선이 휘거나 구불구불하지 않고 반듯이 잘 그으려면 손의 힘을 잘 조절할 수 있어야 해요. 즉, 운필력이 좋아야 선도 반듯하게 그을 수 있고 글씨도 바르게 쓸 수 있답니다.

자, 그럼 다양한 선 긋기 활동을 통해 운필력을 키워볼까요? 가로선, 세로선, 사선, 둥근 선 등 다양한 선과 도형을 그려보세요. 이때 손끝의 힘과 연필심 끝을 같이 느끼면서 천천히 선을 그어야 해요. 또 반드시 점에서 시작해 점에서 끝을 내야 한다는 사실을 잊지 마세요. 시작점과 끝점을 정확히 맞추며 선을 그어야 운필력과 힘 조절 능력이 쑥쑥 자란답니다.

TIP 반드시 HB 연필을 사용해요!

글씨 연습을 할 때는 연필로 시작하는 것이 좋아요. 볼펜은 미끄러지고, 샤프펜슬은 심이 잘 부러져 반듯한 선을 긋기에 좋지 않아요. 하지만 연필심은 매우 단단해 손끝에 힘을 주기 좋고, 선이 또박또박 잘 그어집니다. 연필은 2B나 4B보다 HB 연필이 알맞아요. 진한 연필로 쓰면 손에 힘을 덜 주게 되어 소근육의 힘을 제대로 사용하지 못해 손 근육이 약해질 수 있어요. 반드시 HB 연필을 사용해 손의 힘을 기르고, 강약을 조절할 수 있도록 해야 합니다.

운필력을 꼭 키워야 할까요?

운필력이란 그림을 그리거나 글씨를 쓸 수 있는 손의 힘을 말해요. '운필력이 뭐 그리 중요하겠어?'라고 생각할 수 있지만, 그렇지 않아요. 운필력이 부족한 아이는 글씨를 쓰거나 그림 그리는 활동을 잘하지 못해요. 잘하지 못하면 흥미까지 잃게 됩니다. 이보다 더 큰 문제는 초등학교에 들어가면 운필력이 필요한 학습이 현저히 늘어난다는 사실이에요. 받아쓰기할 때 글씨를 악필로 쓰거나 알림장을 제대로 쓰지 못하면 자신감이 떨어져 자꾸 회피하게 돼요. 이는 학습 능력의 저하로 이어지게 됩니다. 따라서 아이의 운필력이 어느 정도인지 미리 파악한 후 다양한 활동으로 운필력을 키울 필요가 있어요.

가로선 & 세로선 긋기

선의 처음부터 끝까지 같은 힘을 주어 긋는 것이 중요해요. 시작과 끝의 진하기가 같은지 살펴보세요.

사선 긋기

선의 처음부터 끝까지 같은 힘을 주어 긋는 것이 중요해요. 시작과 끝의 진하기가 같은지 살펴보세요.

둥근 선 긋기

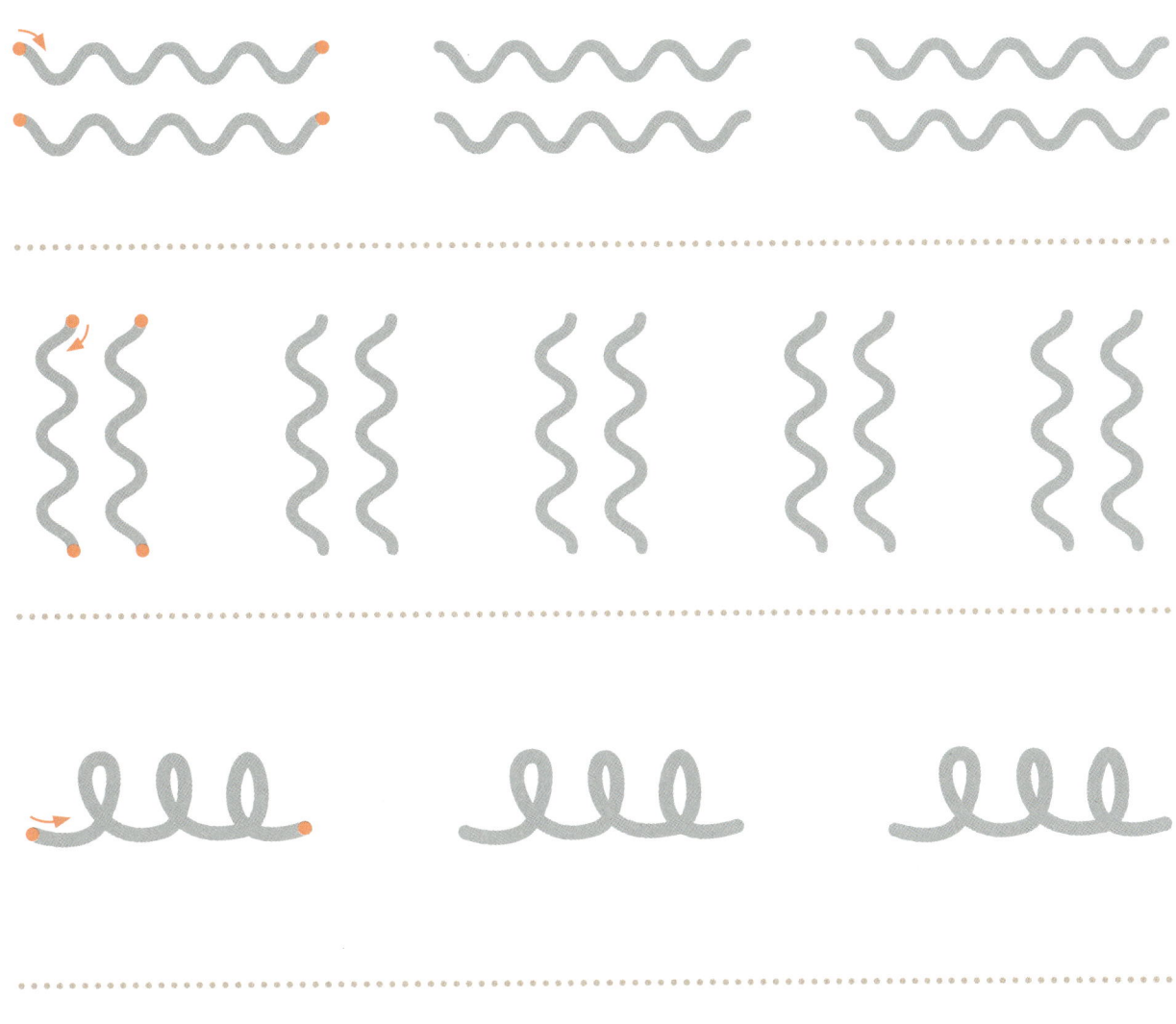

다양한 도형 긋기

선과 도형으로 이루어진 집을 그어보세요. 운필력을 기르는 데 도움이 된답니다.

PART 02

차근차근,
처음부터 글자 연습

정확하게, 자음 쓰기

글씨가 반듯하고 예뻐 보이려면 글자의 첫인상인 자음을 바르게 써야 해요. 자음은 ㄱ부터 ㅎ까지 14개지만, 각각의 자음은 위치에 따라 모양이 조금씩 변해요. 어떻게 변하는지 주의 깊게 보면서 쓰기 연습을 해보세요.

'ㅣ, ㅏ, ㅑ, ㅓ, ㅕ'와 같은 세로 모음과 붙여 쓸 때

'ㅡ, ㅗ, ㅛ, ㅜ, ㅠ'와 같은 가로 모음과 붙여 쓸 때

받침으로 쓸 때

ㄱ의 모양이 위치에 따라 달라지는 게 보이나요? 함께 쓰는 모음에 따라 획의 기울기가 달라져요. 자세히 보면서 따라 써보세요.

글자를 쓸 때 순서에 맞게 쓰는 것도 아주 중요해요. 글씨 쓰는 순서를 '획순'이라고 하는데, 많은 친구들이 획순을 마음대로 쓰곤 하죠. 예를 들면 ㅂ을 2획으로 빠르게 쓰는데, 4획으로 써야 보기에도 좋고 반듯하게 쓸 수 있답니다.

4획   2획

획순은 2가지 규칙이 있어요. 제대로 익혀 글씨를 쓸 때마다 지켜보세요. 글씨가 아주 예뻐질 거예요.

❶ 위에서 아래로   ❷ 왼쪽에서 오른쪽으로

자음 ㄱ

자음 ㄴ

부드럽게 꺾어
곧게 내려그어요.

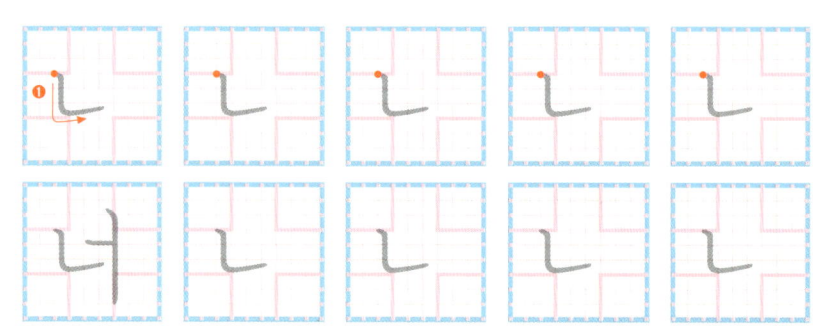

90도로 부드럽게 꺾은 후
2도 각도로 힘 있게 그어요.

부드럽게 꺾어
곧게 내려그어요.

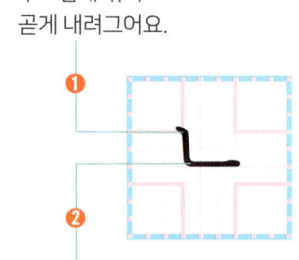

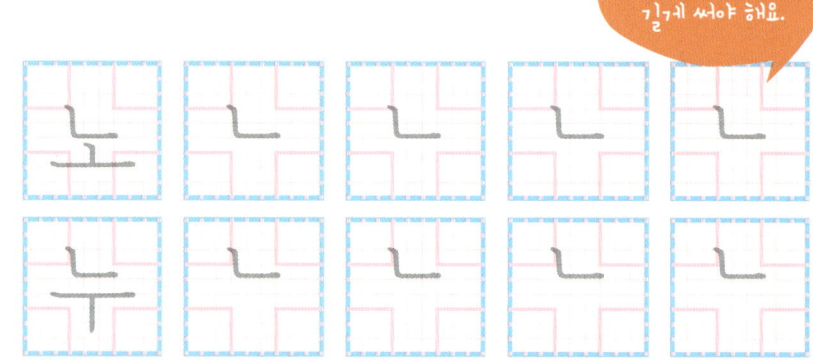

세로선보다 가로선을
길게 써야 해요.

90도로 부드럽게 꺾은 후
가로로 곧게 그어요.

부드럽게 꺾어 45도
사선으로 내려그어요.

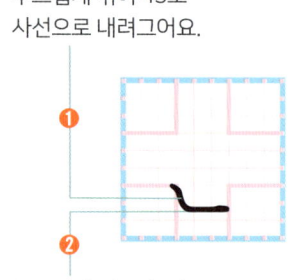

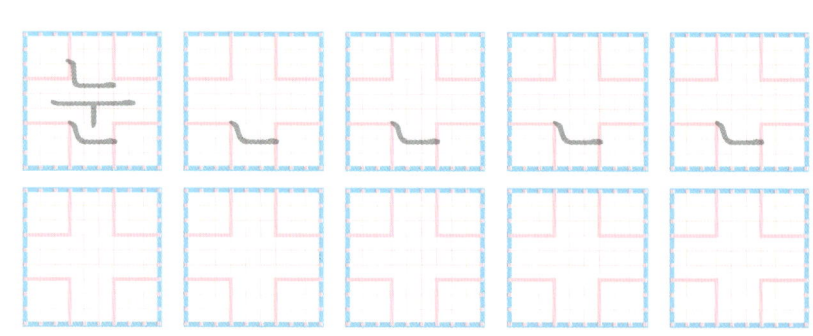

부드럽게 꺾은 후 가로로
힘주어 그어요.

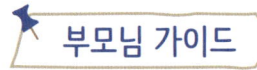 **부모님 가이드** 세로선의 시작과 가로선의 끝을 같은 힘으로 쓰면 ㄴ을 단번에 쓸 수 있어요. ㄴ의 끝을 날려 쓰지 않도록 지도해 주세요.

자음 ㄷ

최고예요
잘했어요
완성

가로로 짧게 그어요.

❶ ❷ ❸

❶의 시작 부분에서 힘 있게 내려그어요.

90도로 부드럽게 꺾은 후 2도 각도로 힘 있게 그어요.

ㄷ ㄷ ㄷ ㄷ ㄷ
다 ㄷ ㄷ ㄷ ㄷ

가로로 곧게 그어요.

❶ ❷ ❸

❶의 시작 부분에서 힘주어 짧게 내려그어요.

90도로 부드럽게 꺾은 후 가로로 곧게 그어요.

도 ㄷ ㄷ ㄷ ㄷ
두 ㄷ ㄷ ㄷ ㄷ

가로로 곧게 그어요.

❶ ❷ ❸

❶의 시작 부분에서 45도 사선으로 내려그어요.

부드럽게 꺾은 후 가로로 힘주어 그어요.

곧 ㄷ ㄷ ㄷ ㄷ

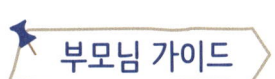

부모님 가이드

가로선과 ㄴ을 잘 붙여 쓸 수 있도록 알려 주세요. 위치에 따라 교정틀 공간에 ㄷ을 잘 넣어 썼는지 점검해 주세요.

자음 ㄹ

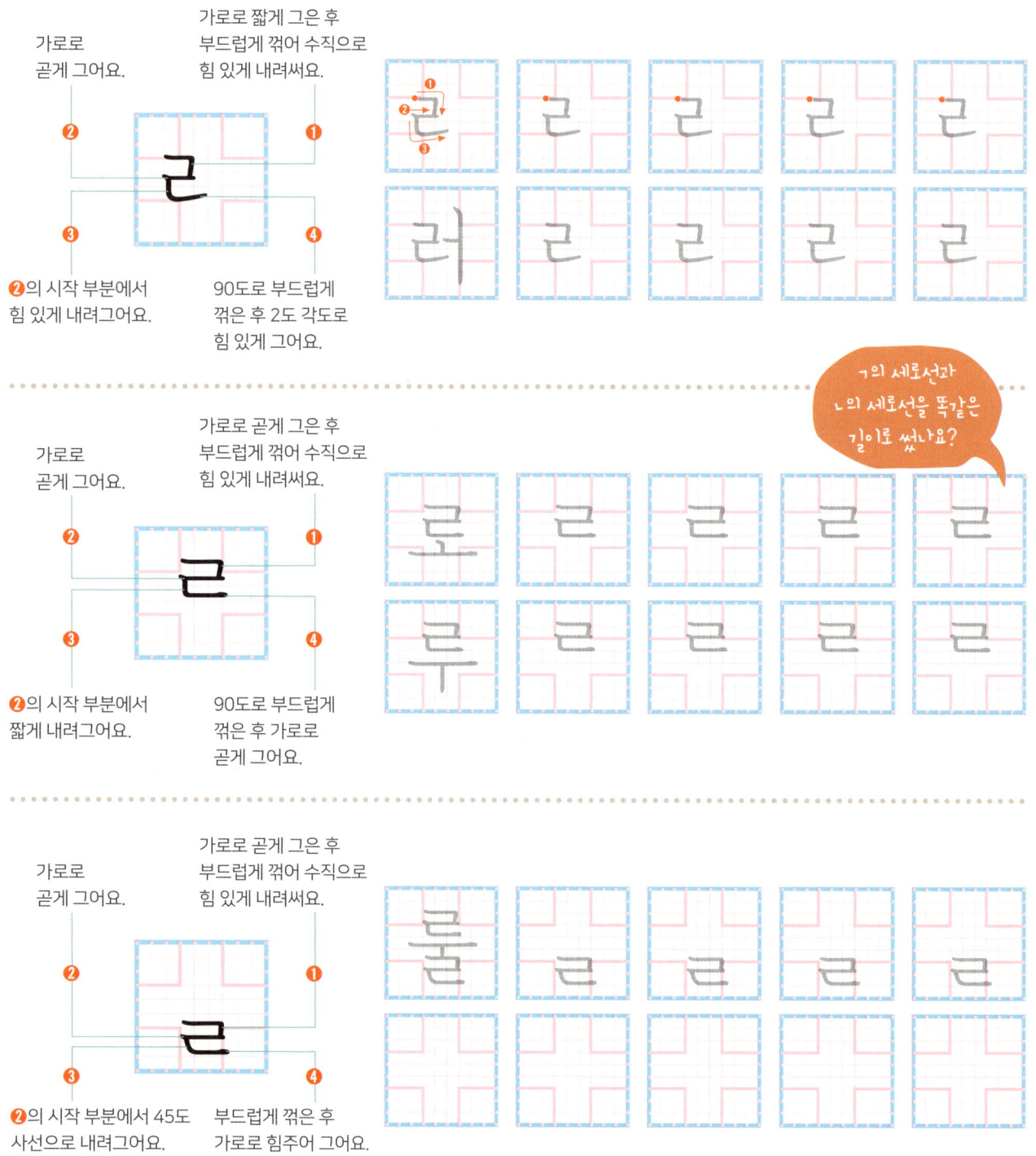

부모님 가이드 ㄱ과 ㄷ을 맞닿게 쓰면 글자가 깔끔하면서 힘이 있어 보여요. ㄹ을 항상 2등분 해서 쓸 수 있도록 습관을 길러 주세요.

자음 ㅁ

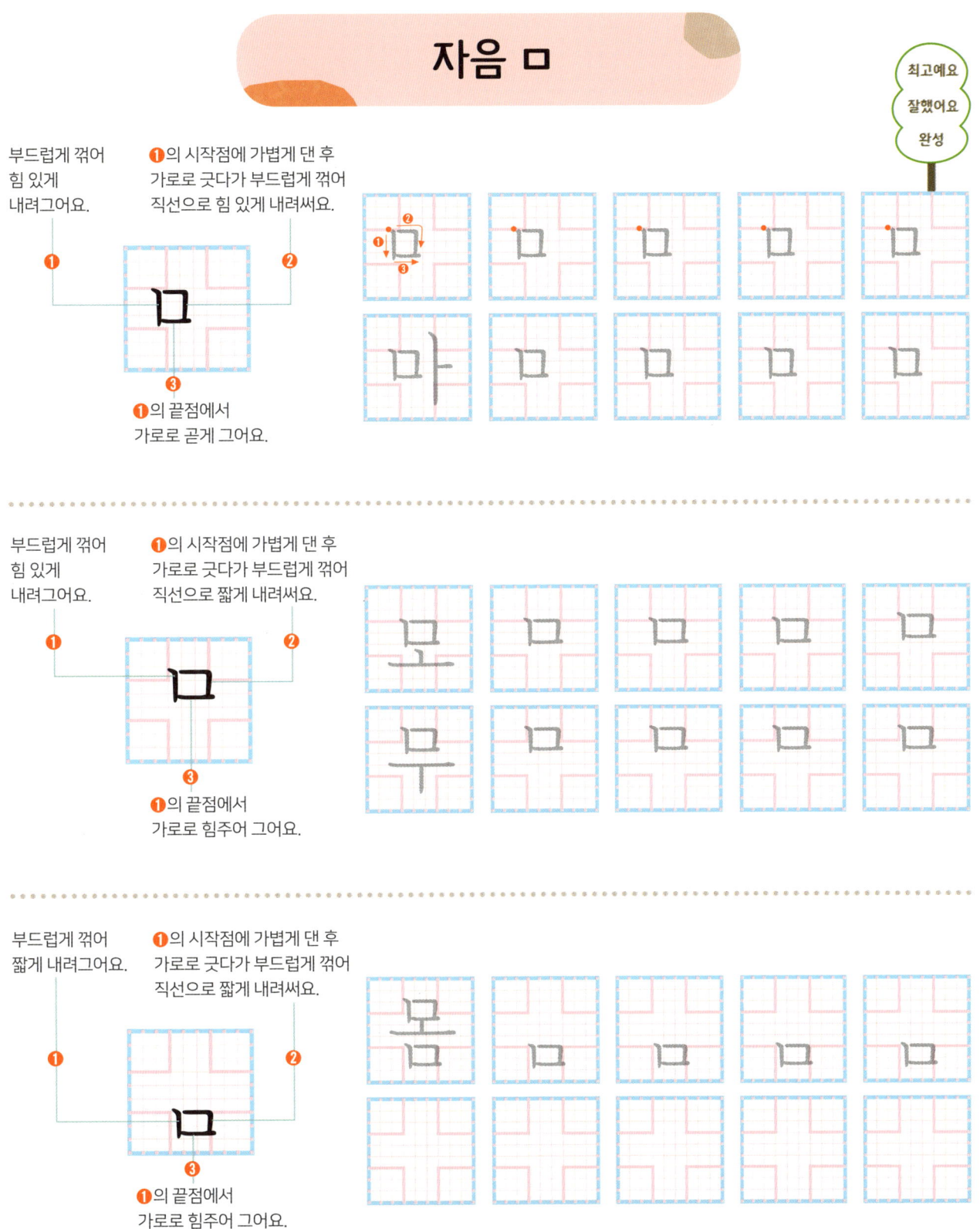

★ 부모님 가이드
ㅁ의 획순을 외워서 손끝에 힘을 주고 속도를 높여 쓰면 글쓰기가 한결 가벼워져요. 가로선과 세로선을 자신 있게 단번에 꺾어 쓰는 연습을 시켜 주세요.

자음 ㅂ

선들이 떨어지지 않게 붙여 써야 해요.

부드럽게 꺾어 힘 있게 내려그어요.
❶의 1/2 지점에서 가로로 짧게 그어요.
❶의 끝점에서 가로로 짧게 그어요.
❶의 세로선보다 조금 길게 부드럽게 꺾어 내려그어요.

부드럽게 꺾어 힘 있게 내려그어요.
❶의 1/2 지점에서 가로로 곧게 그어요.
❶의 끝점에서 가로로 힘 있게 그어요.
❶의 세로선보다 조금 길게 부드럽게 꺾어 내려그어요.

부드럽게 꺾어 힘 있게 내려그어요.
❶의 1/2 지점에서 가로로 곧게 그어요.
❶의 끝점에서 가로로 힘 있게 그어요.
❶의 세로선보다 조금 길게 부드럽게 꺾어 내려그어요.

> **부모님 가이드** 손끝의 힘을 같게 하여 세로선을 이어 쓰면 리듬감이 생겨 글쓰기가 지루하지 않아요. 획순을 외워서 습관처럼 쓸 수 있게 도와주세요.

자음 ㅅ

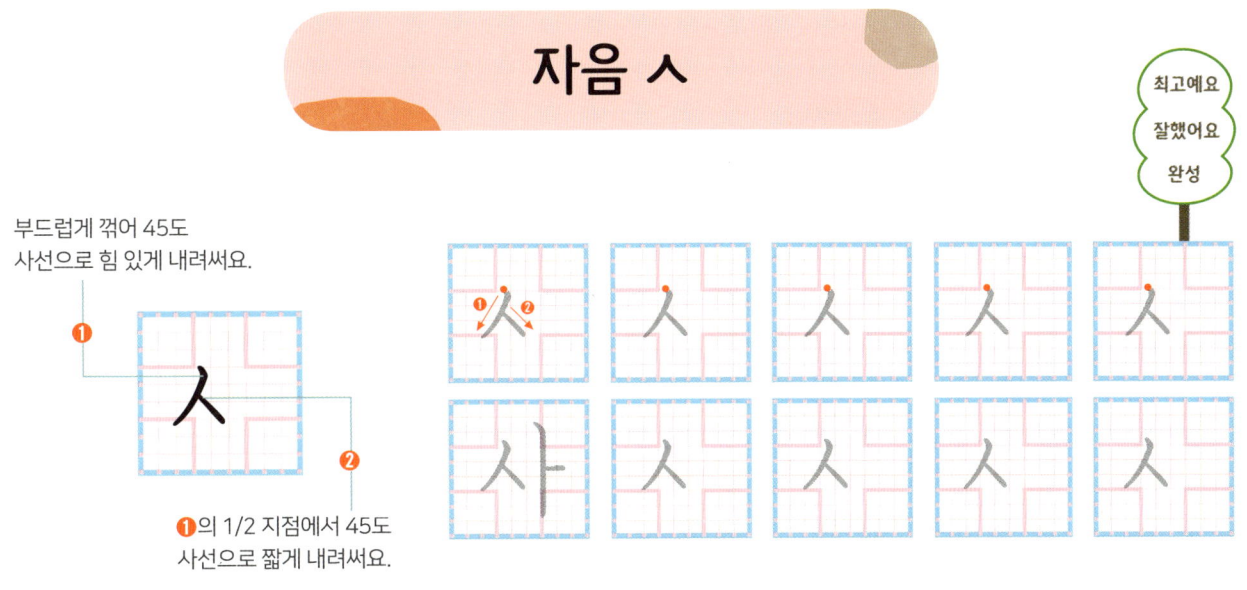

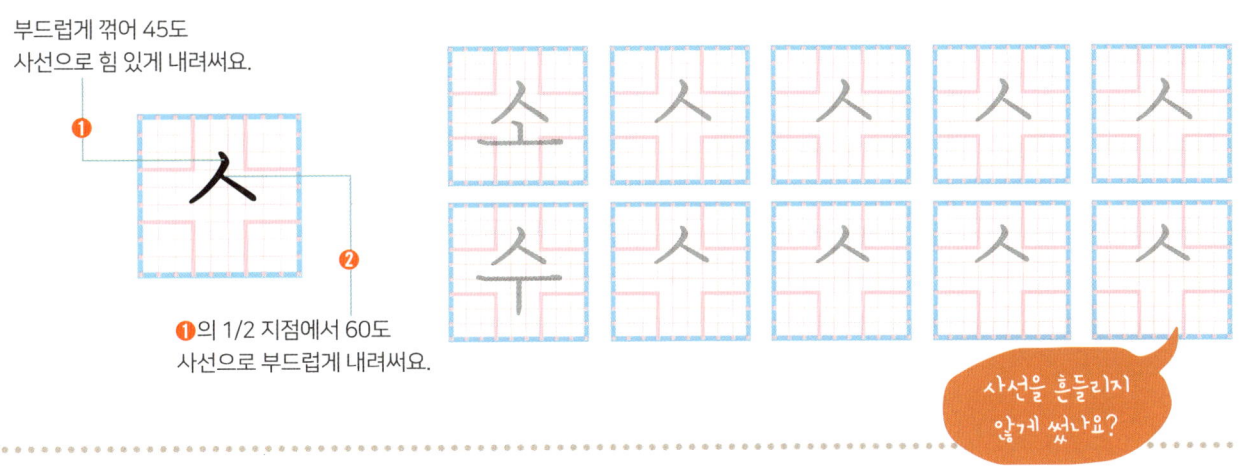

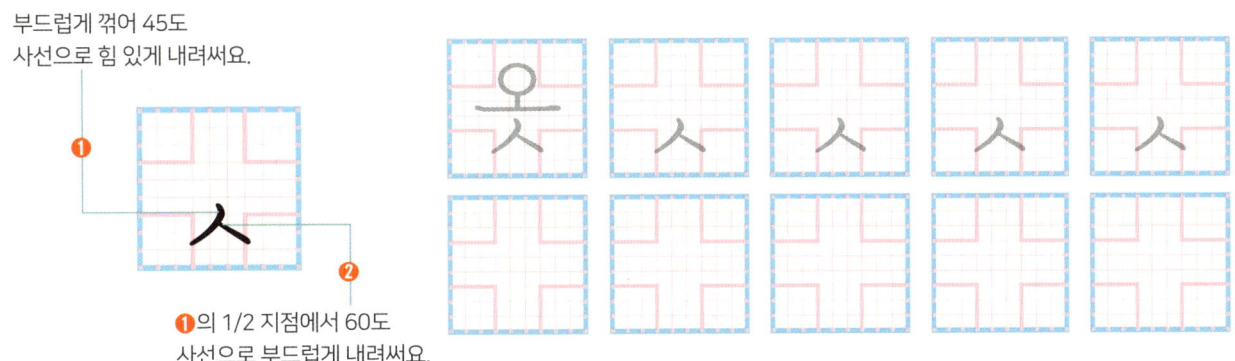

 **부모님 가이드**   시작점의 힘을 느끼며 속도를 내어 쓸 수 있도록 지도해 주세요. 글자를 빠르게 쓸 수 있고 필기감이 좋아져요.

자음 ㅇ

동그라미를 그리듯
힘 있게 돌려써요.

❶
❷
반드시 시작점까지
선을 이어요.

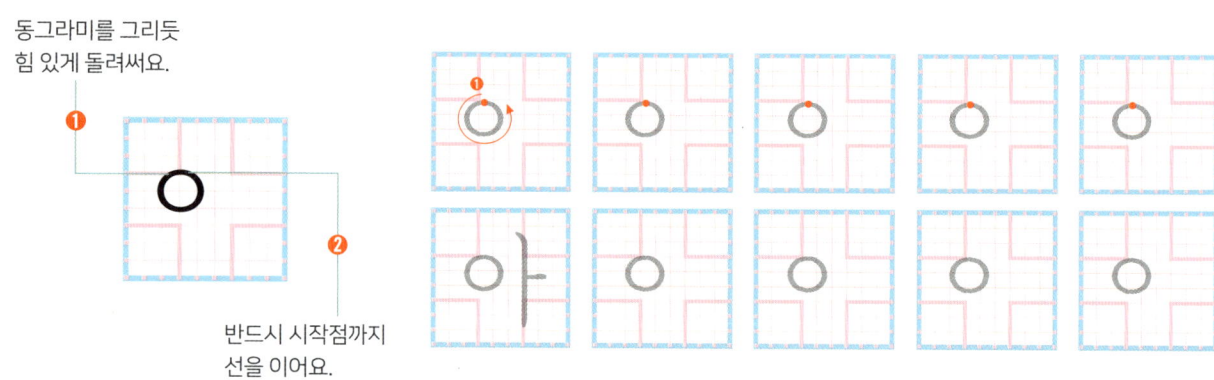

동그라미를 그리듯
힘 있게 돌려써요.

❶
❷
반드시 시작점까지
선을 이어요.

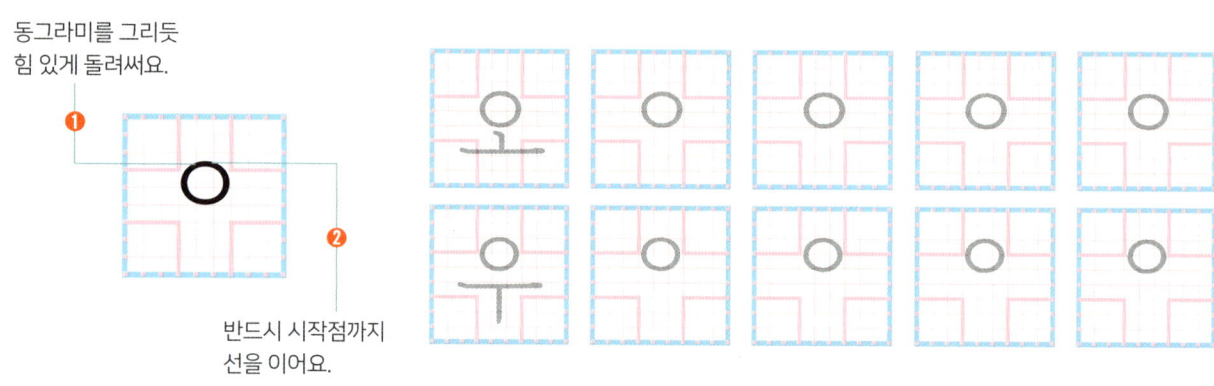

동그라미를 그리듯
힘 있게 돌려써요.

❶
❷
반드시 시작점까지
선을 이어요.

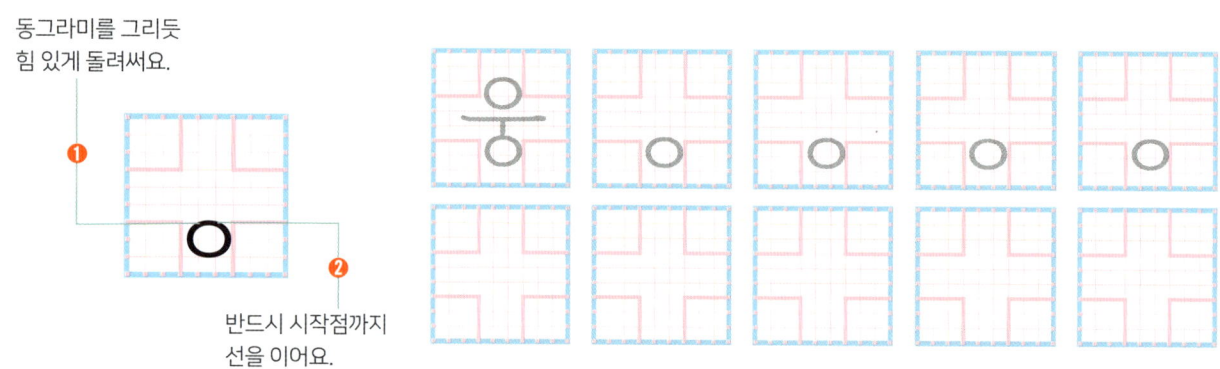

부모님 가이드 손끝의 힘을 유지하며 천천히 왼쪽으로 돌려 오른쪽에서 마무리할 수 있게 해 주세요. 손목의 스냅으로 한 번에 ㅇ을 쓰면 예쁘게 쓸 수 있어요.

자음 ㅈ

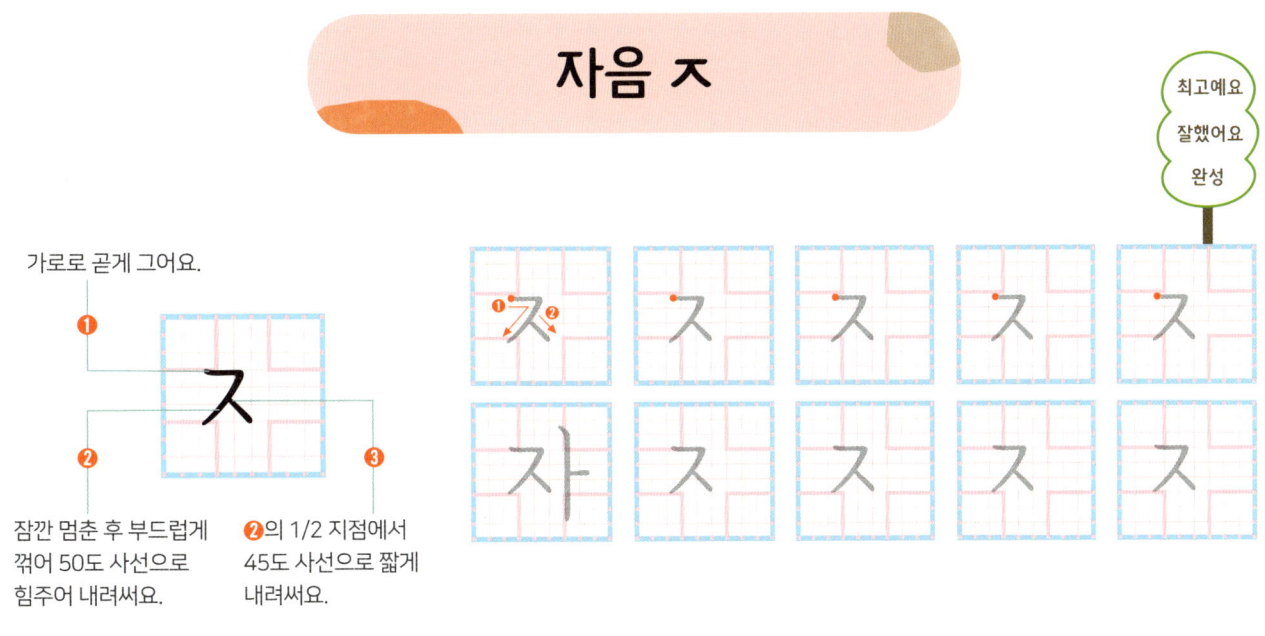

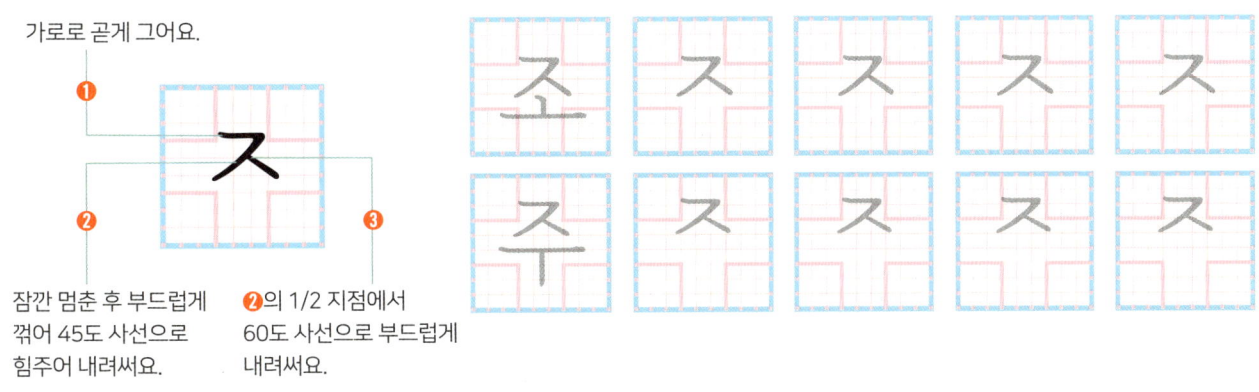

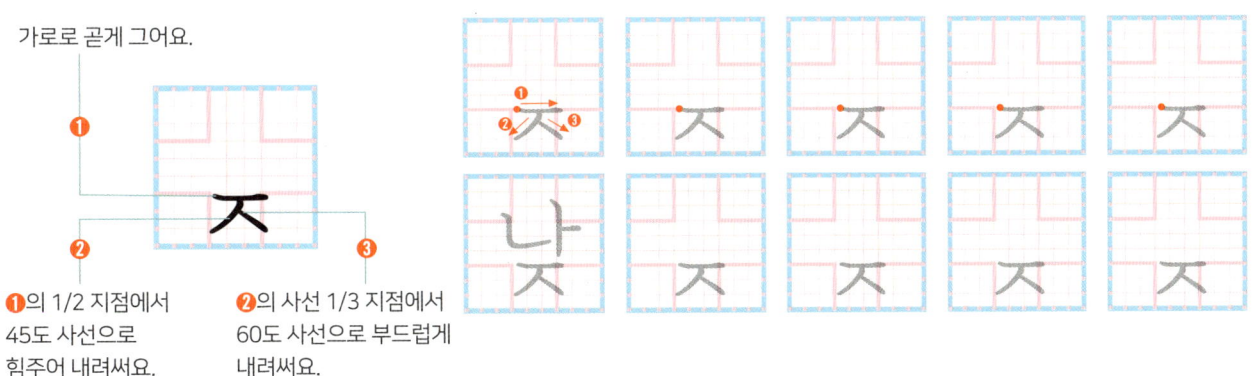

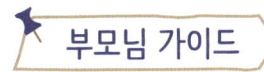 가로선에서 꺾어 사선으로 내려그을 때 절대 날려쓰면 안 돼요. 글자에 힘이 없어지고 모양도 예쁘지 않아요. 힘주어 쓸 수 있도록 해 주세요.

자음 ㅊ

가로로 부드럽게 살짝 내려그어요.

가로로 곧게 긋다가 멈춘 후 부드럽게 꺾어 50도 사선으로 힘주어 내려써요.

❷의 1/2 지점에서 45도 사선으로 짧게 내려써요.

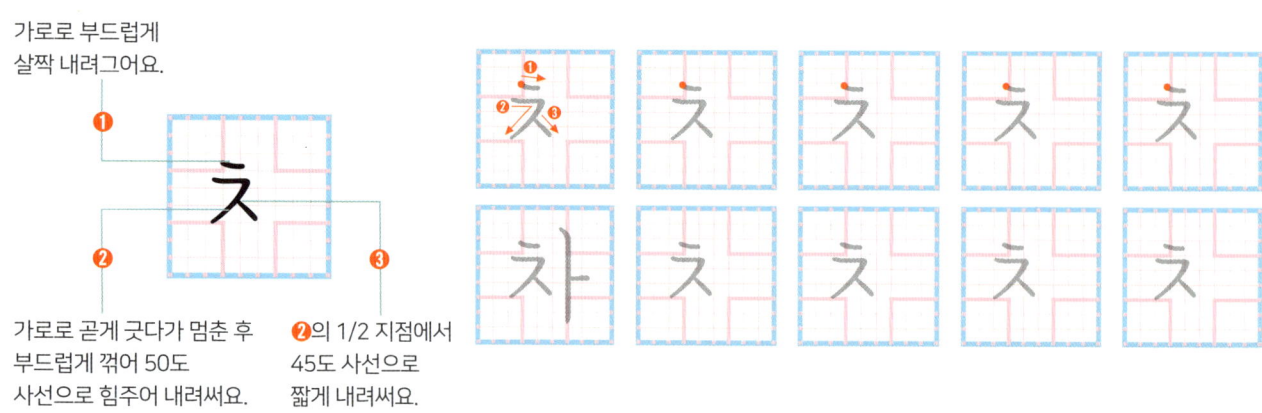

가로로 부드럽게 살짝 내려그어요.

가로로 곧게 긋다가 멈춘 후 부드럽게 꺾어 45도 사선으로 힘주어 내려써요.

❷의 1/2 지점에서 60도 사선으로 부드럽게 내려써요.

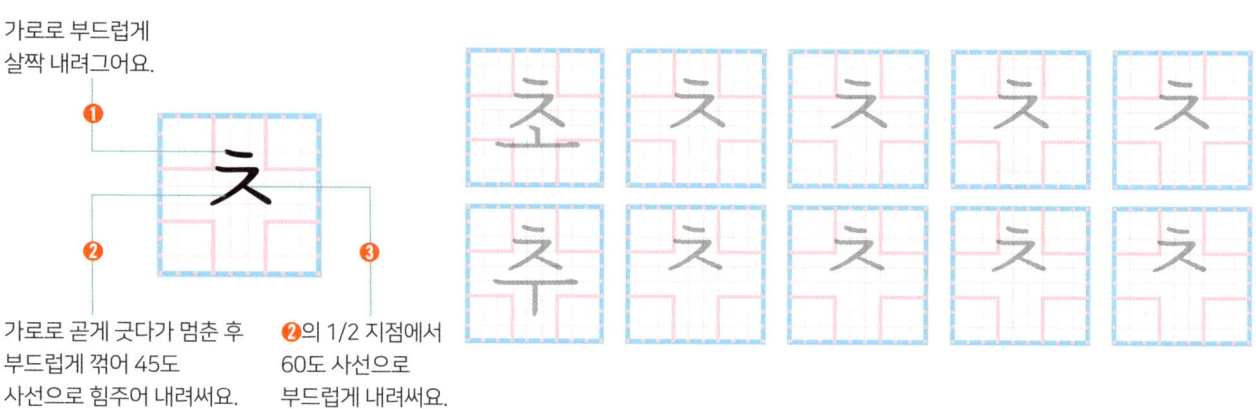

가로로 부드럽게 살짝 내려그어요.

가로로 곧게 그어요.

❷의 1/2 지점에서 45도 사선으로 힘주어 내려써요.

❸의 1/3 지점에서 60도 사선으로 부드럽게 내려써요.

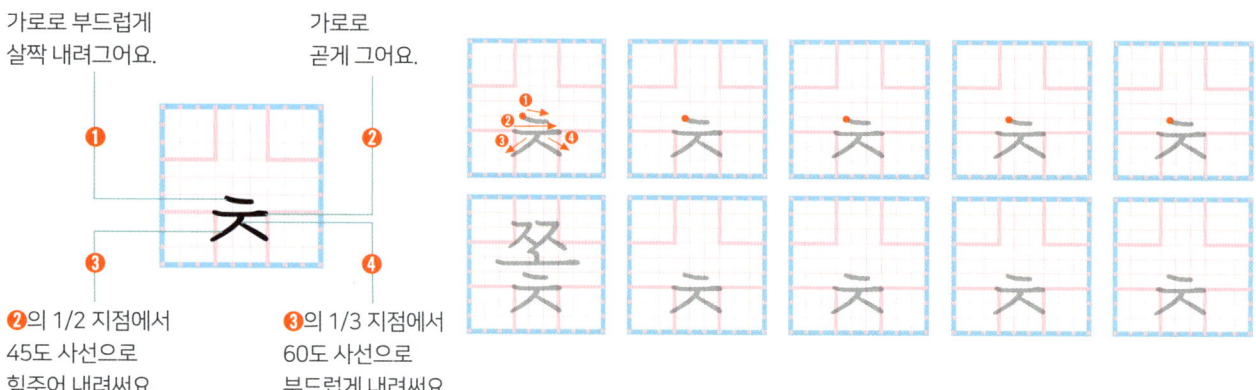

 부모님 가이드 짧게 긋는 가로선도 힘을 실어 쓰도록 지도해 주세요. 노트 지면에 닿는 연필심의 힘을 천천히 느끼면서 순서대로 쓰면 글자가 명확해져요.

자음 ㅋ

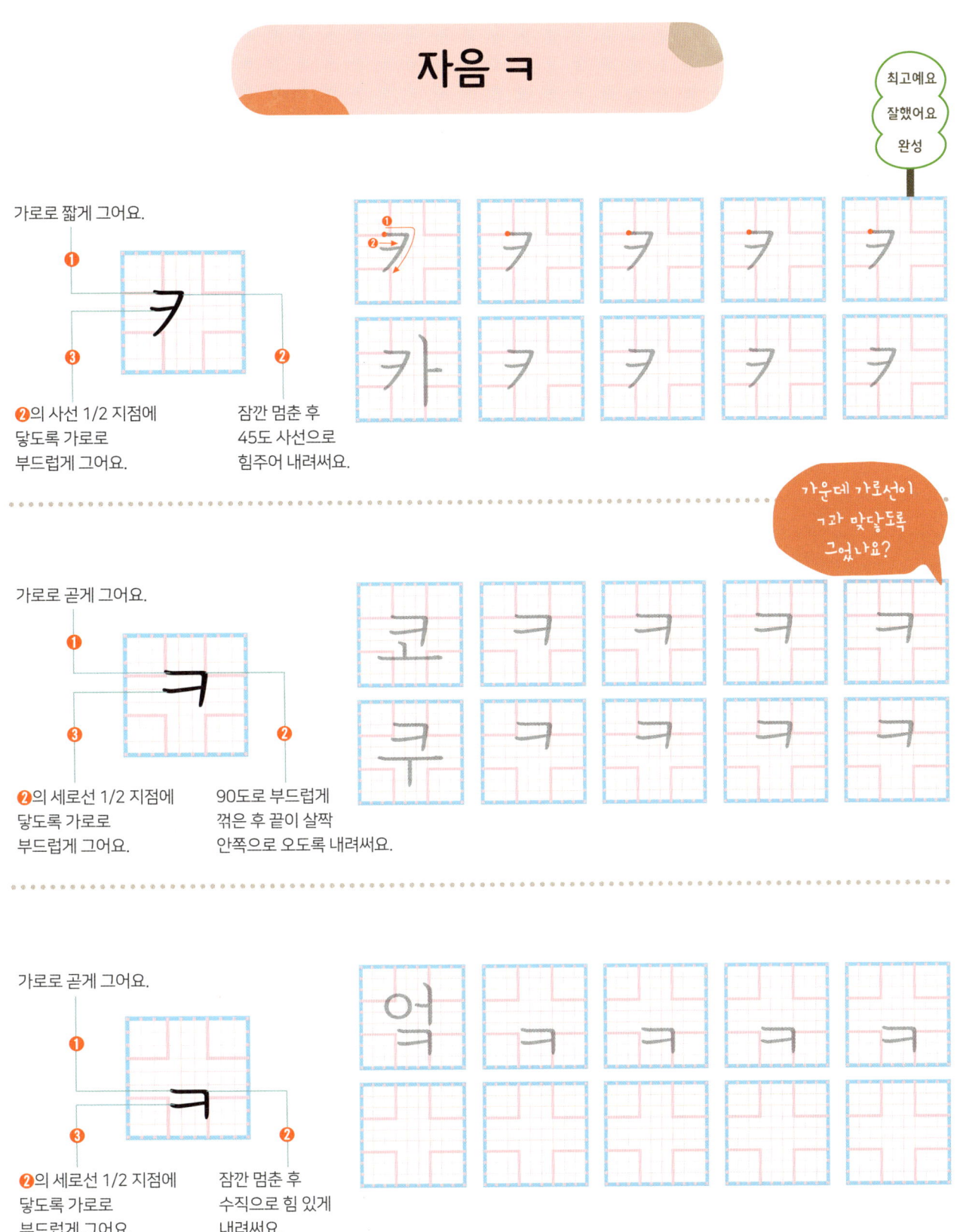

부모님 가이드 ㄱ을 삐뚤게 쓰면 마지막 가로선을 바르게 써도 글자 모양이 예쁘지 않아요. 연필심에 힘을 실어 천천히 쓰도록 도와주세요.

자음 ㅌ

첫 번째 가로선과 두 번째 가로선의 길이를 같게 써야 해요.

가로로 짧게 그어요.

❶의 시작점에서 힘 있게 내려그어요.

90도로 부드럽게 꺾은 후 2도 각도로 힘 있게 그어요.

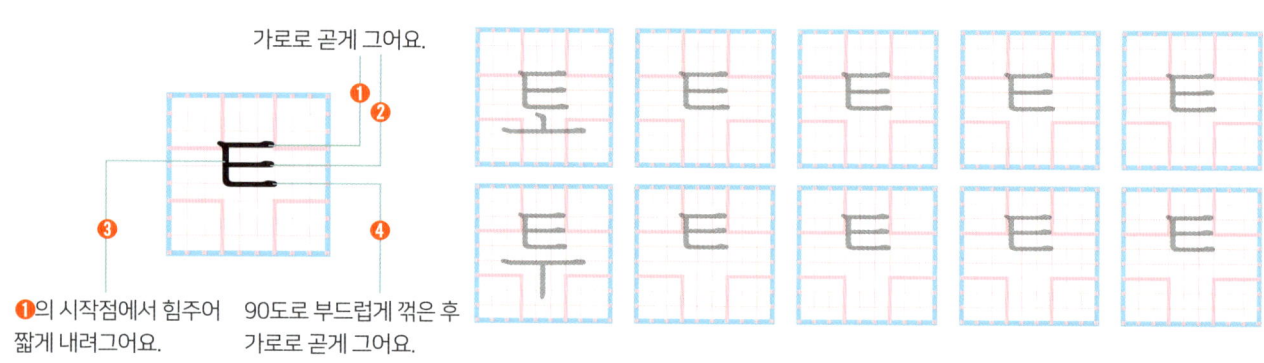

가로로 곧게 그어요.

❶의 시작점에서 힘주어 짧게 내려그어요.

90도로 부드럽게 꺾은 후 가로로 곧게 그어요.

가로로 곧게 그어요.

❶의 시작점에서 살짝 사선으로 내려그어요.

부드럽게 꺾은 후 가로로 힘주어 그어요.

🚩 **부모님 가이드** 가로선을 연달아 이어서 쓰고 ㄴ을 속도감 있게 붙여 쓰도록 지도해 주세요.

자음 ㅍ

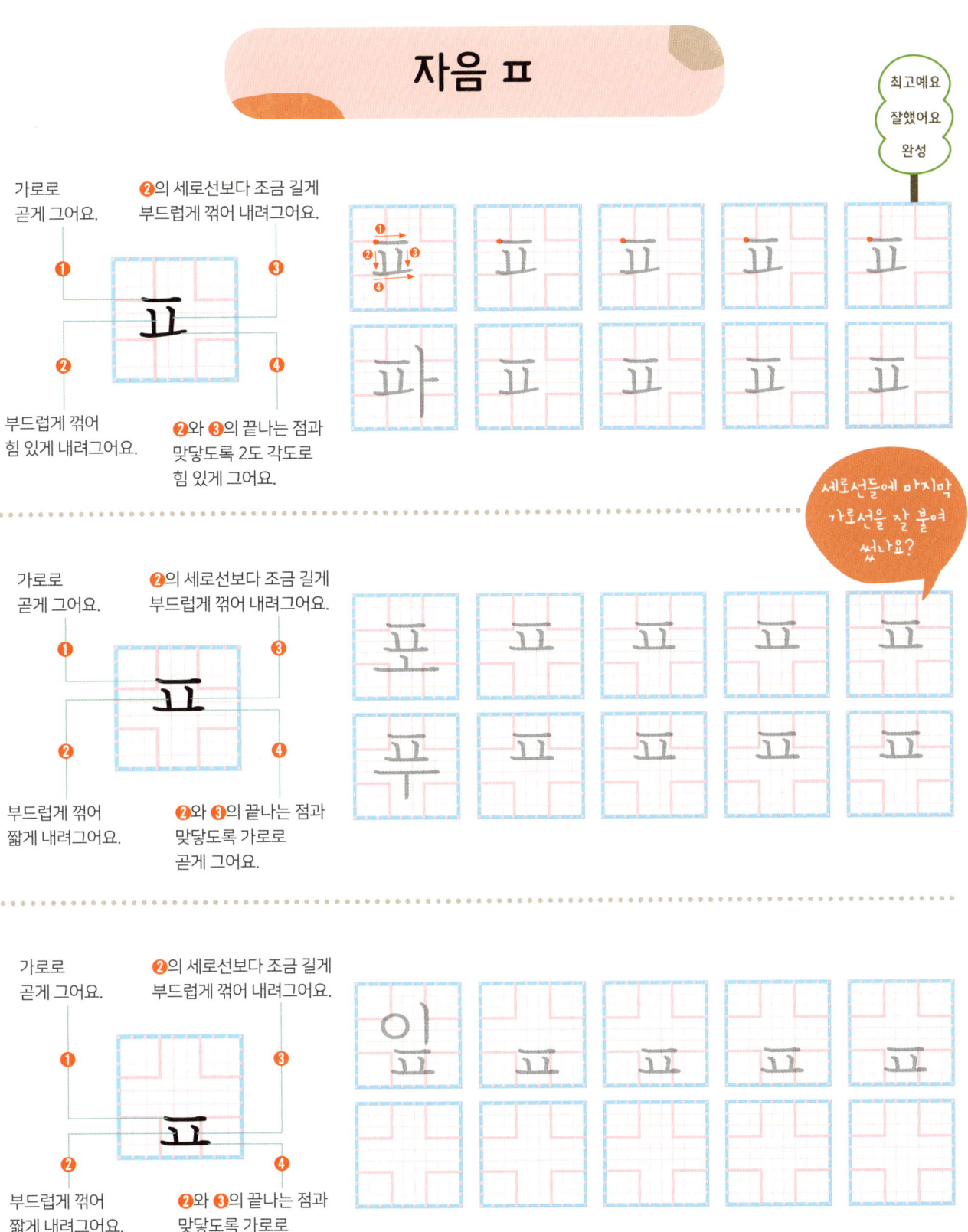

자음 ㅎ

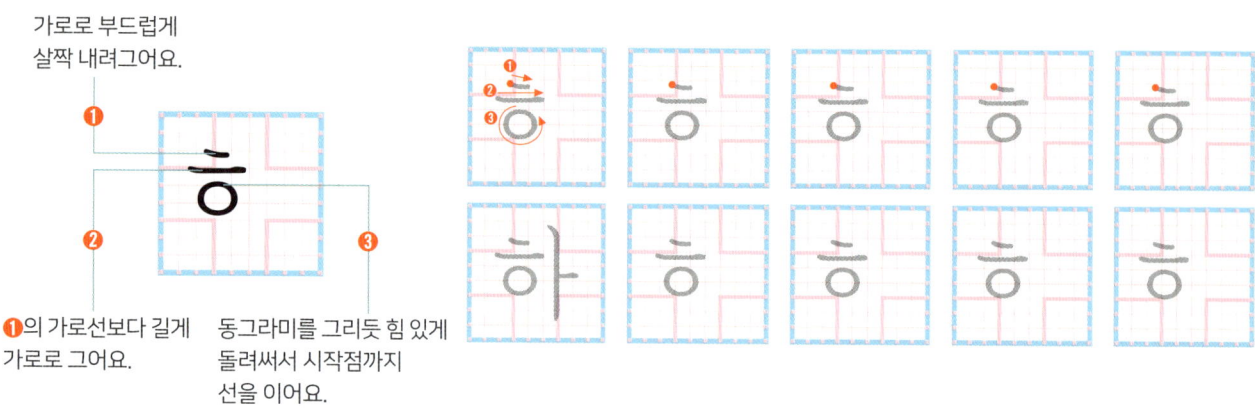

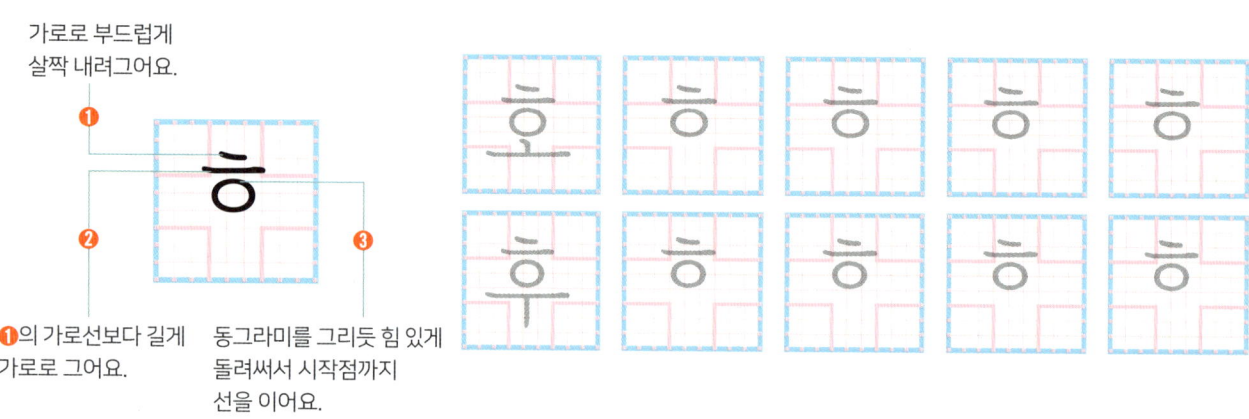

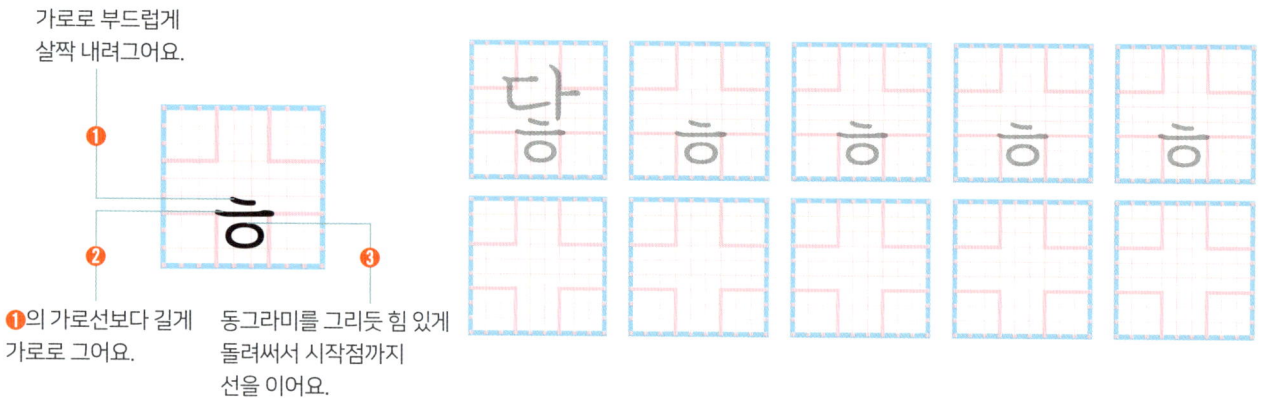

🔖 **부모님 가이드**   사선, 가로선, ㅇ을 가운데에 맞춰 쓸 수 있도록 신경써 주세요. 공간도 적절히 띄어 써야 글자 모양이 반듯해 보여요.

반듯하게, 모음 쓰기

모음은 21개예요. 자음처럼 위치에 따라 모양이 달라지지 않아 조금만 연습해도 쉽게 익힐 수 있어요. 모음을 쓸 때 가장 중요한 건 선이 반듯해야 한다는 거예요. 선이 흔들리거나 삐뚤어지면 글자 모양이 보기에 좋지 않아요. 문장 전체가 어수선해 보이지요. 힘을 주어 최대한 곧고 바르게 내려그어야 글자가 반듯해 보인답니다. 교정틀의 기준선에 맞춰 쓰는 연습을 해 보세요.

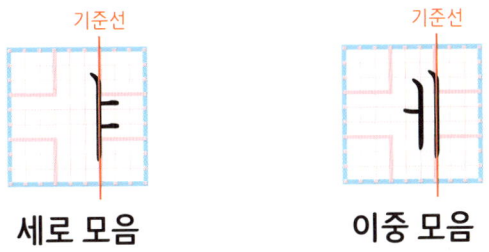

세로 모음 'ㅣ, ㅏ, ㅑ, ㅓ, ㅕ'와 이중 모음 'ㅐ, ㅒ, ㅔ, ㅖ'는 교정틀의 오른쪽 기준선에 맞춰 따라 써요.

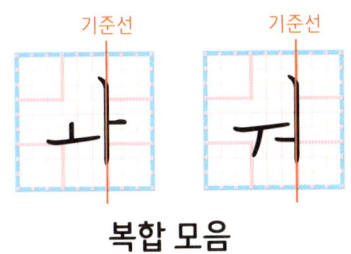

복합 모음 'ㅚ, ㅘ, ㅙ, ㅟ, ㅝ, ㅞ'는 교정틀의 오른쪽 기준선에 맞추되 교정틀 가운데에 위치하도록 써야 해요. 획이 복잡하고 많을수록 선이 곧고 반듯해야 글자가 깔끔해 보인답니다.

세로 모음

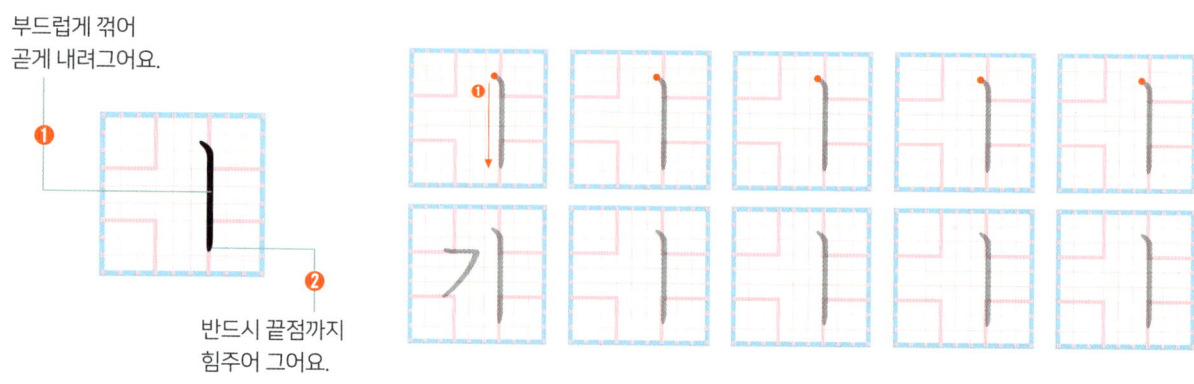

부드럽게 꺾어 곧게 내려그어요.
반드시 끝점까지 힘주어 그어요.

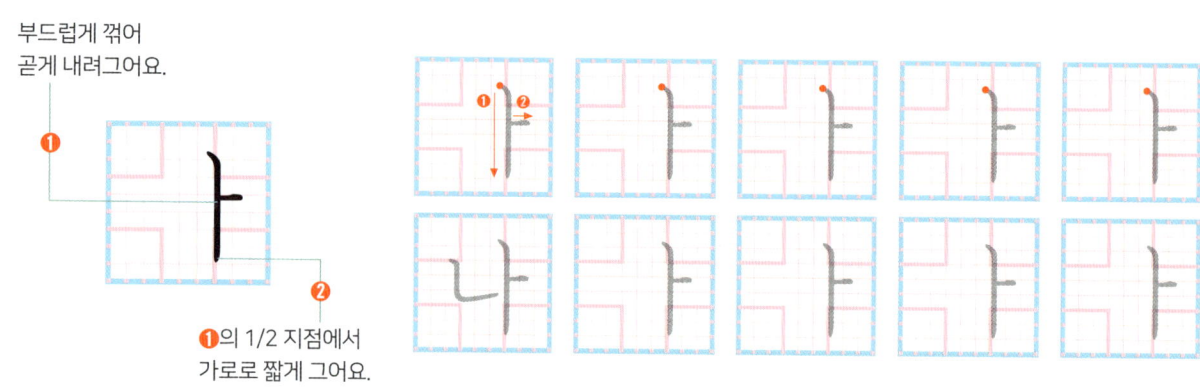

부드럽게 꺾어 곧게 내려그어요.
❶의 1/2 지점에서 가로로 짧게 그어요.

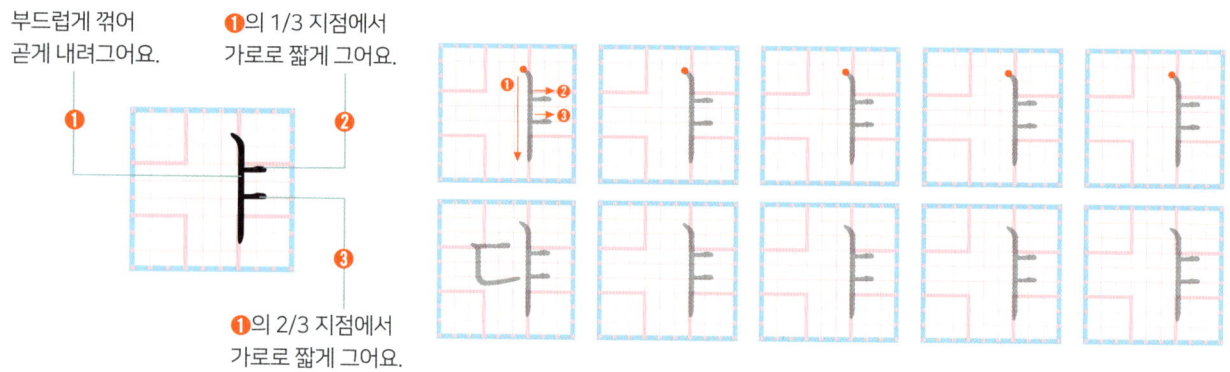

부드럽게 꺾어 곧게 내려그어요.
❶의 1/3 지점에서 가로로 짧게 그어요.
❶의 2/3 지점에서 가로로 짧게 그어요.

부모님 가이드 ㅏ의 가로선을 그을 때 세로선의 가운데에서 시작할 수 있도록 지도해 주세요. ㅑ의 가로선은 세로선을 3등분 해서 써야 글자 모양이 예뻐요.

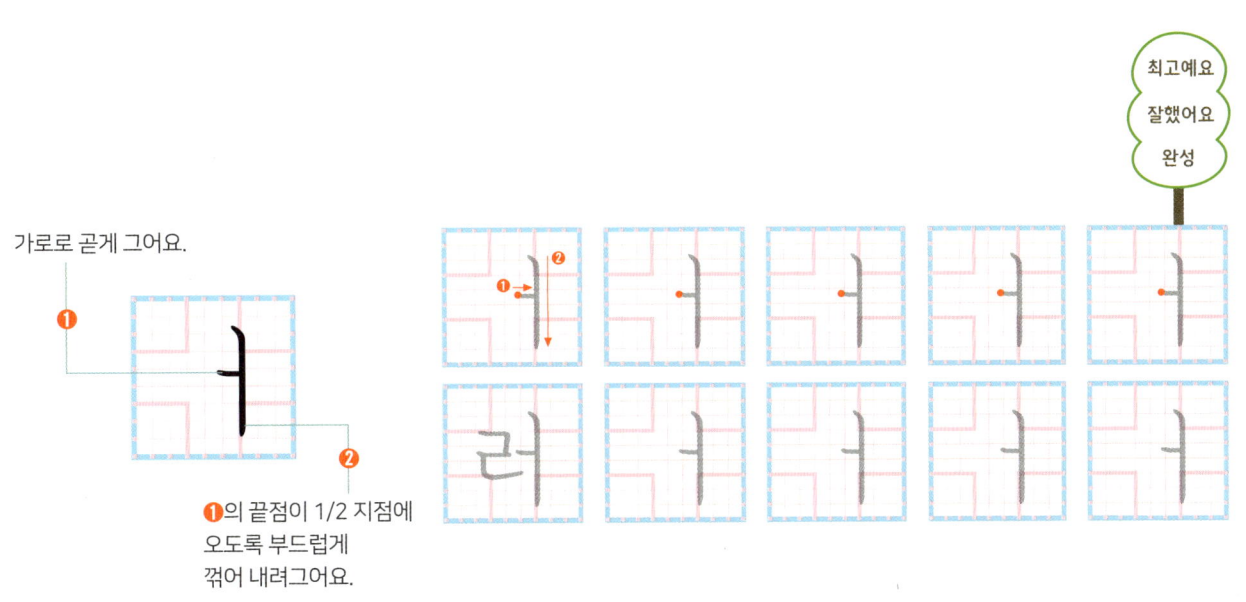

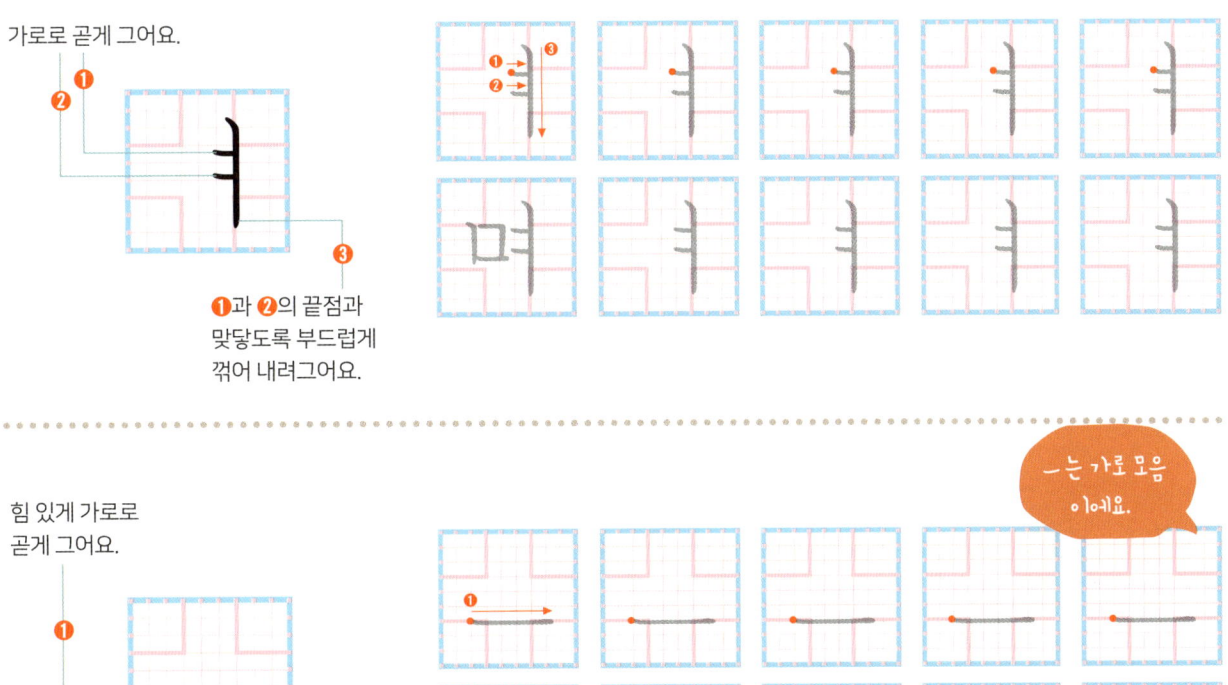

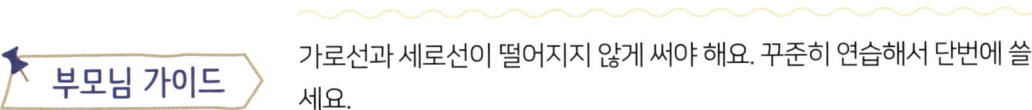

부모님 가이드 가로선과 세로선이 떨어지지 않게 써야 해요. 꾸준히 연습해서 단번에 쓸 수 있도록 이끌어 주세요.

가로 모음

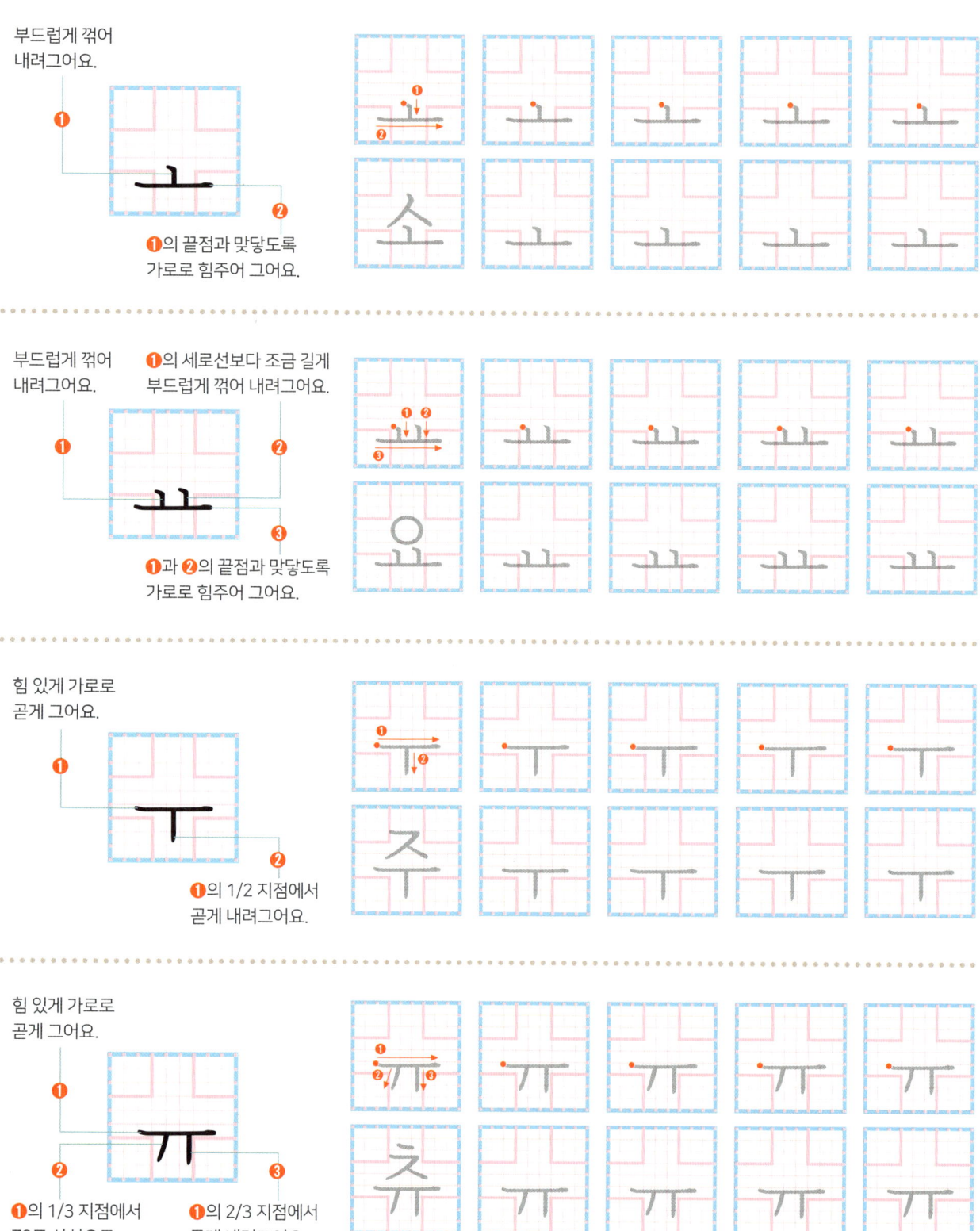

이중 모음

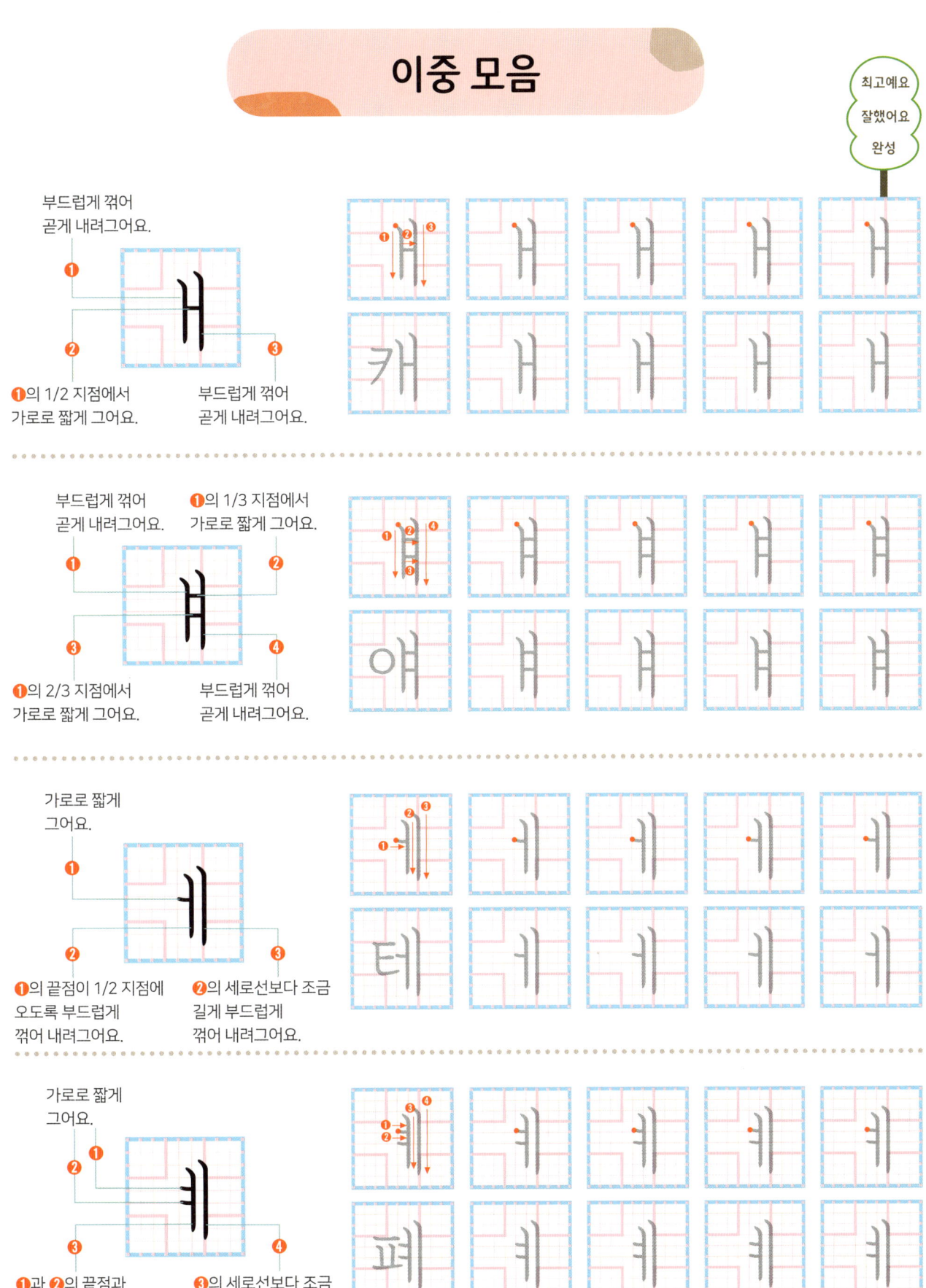

복합 모음

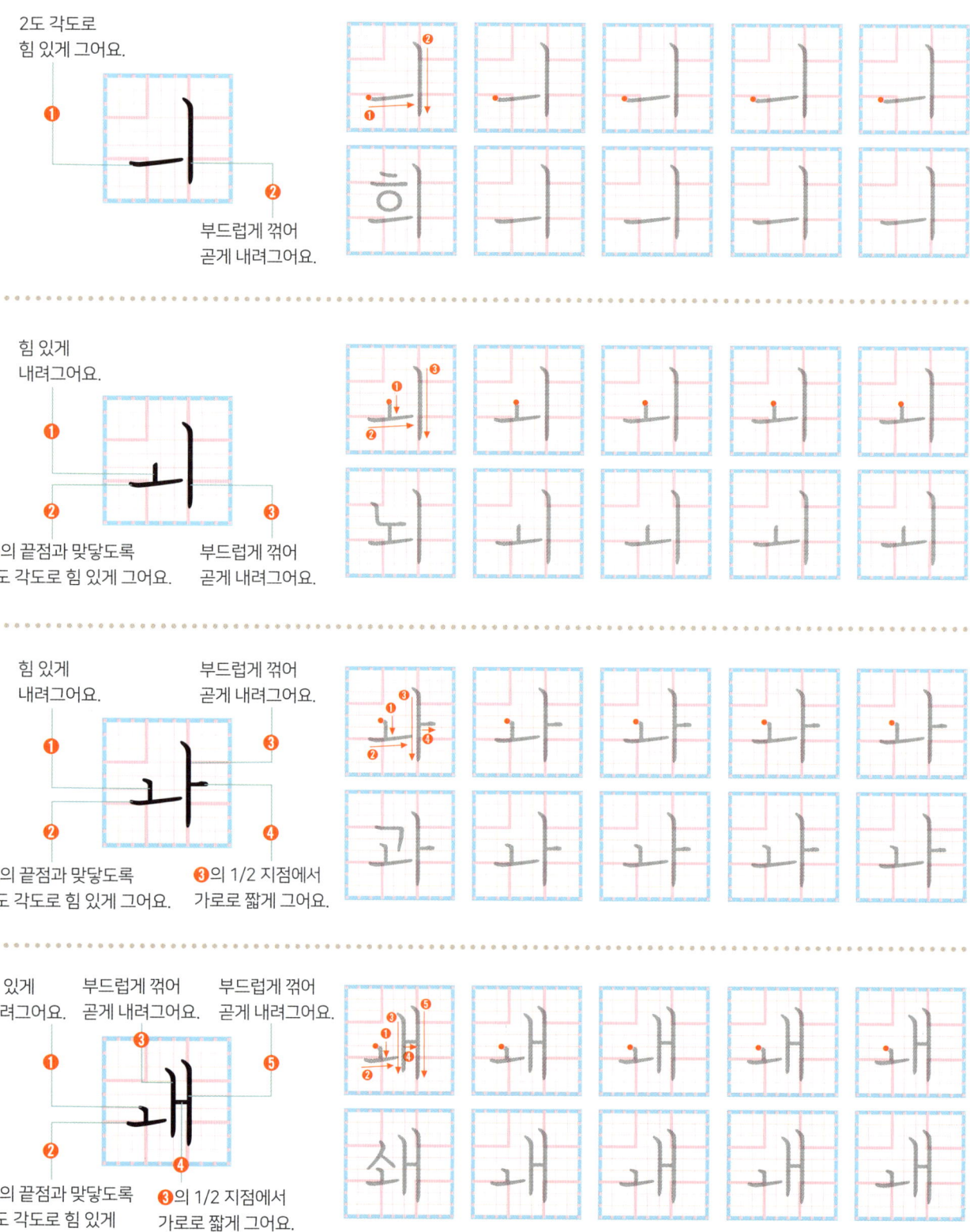

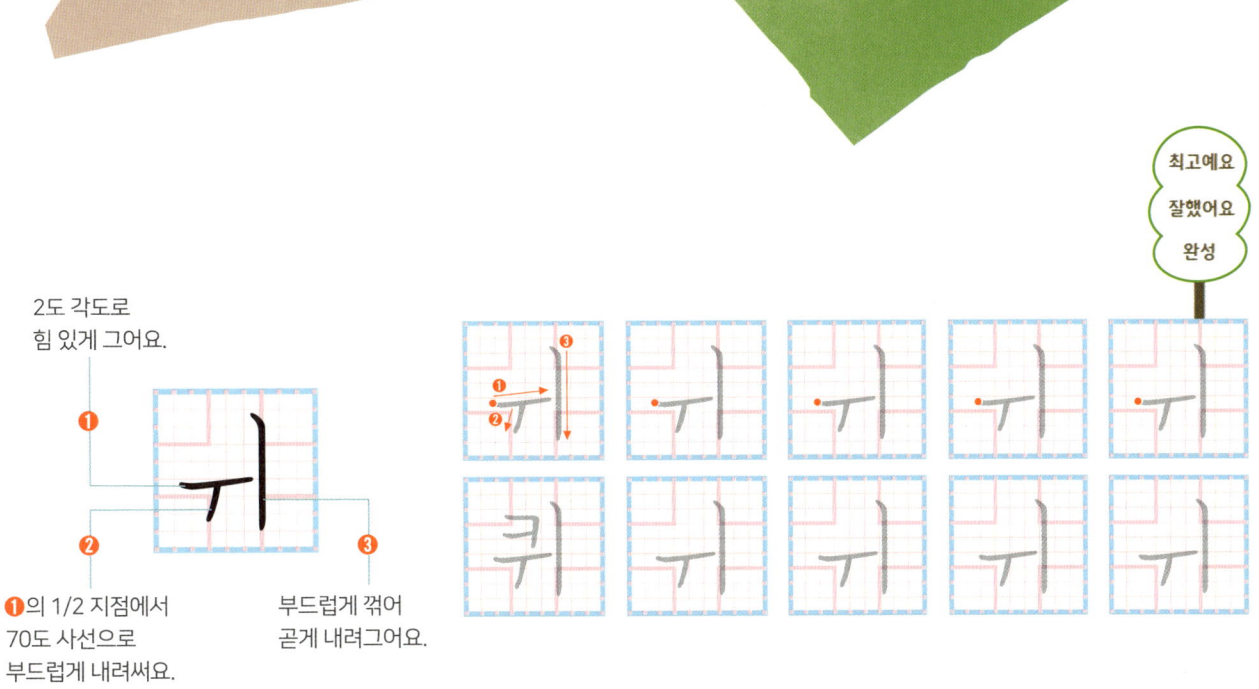

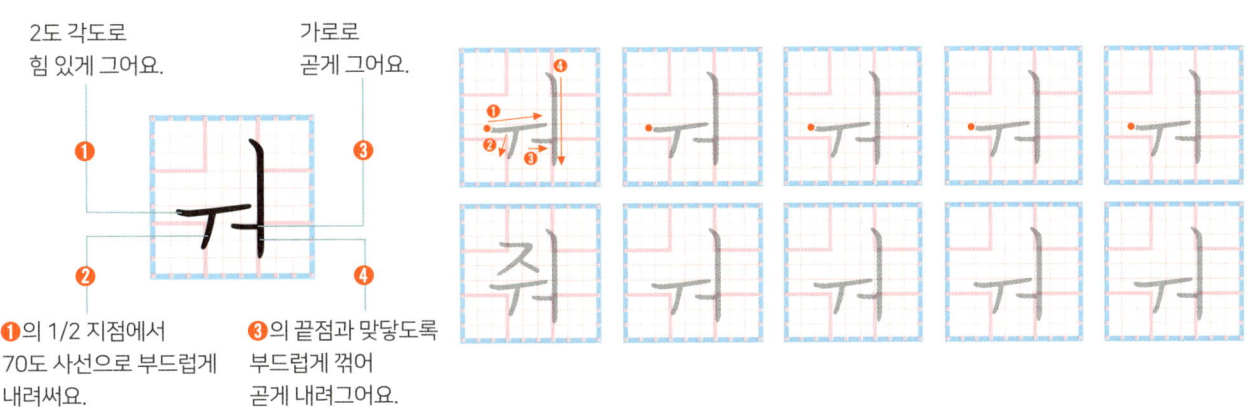

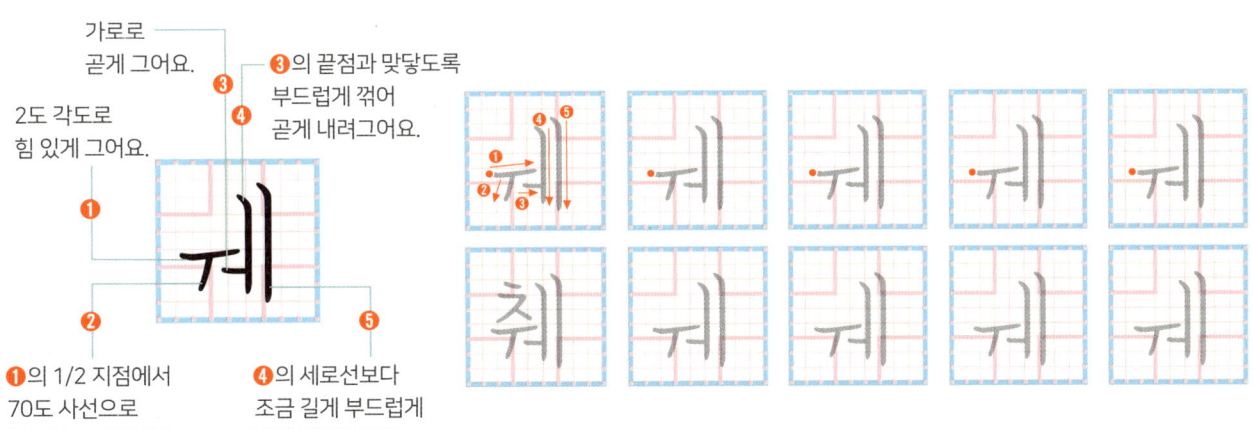

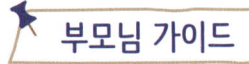

앞에서 연습한 세로 모음과 가로 모음이 손에 익으면 쉽게 쓸 수 있어요. 가로, 세로, 가로, 세로의 움직임을 손끝으로 느끼면서 쓸 수 있도록 연습시켜 주세요.

글자 모양 생각하며, 한 단어 쓰기

글자는 'ㄱ, ㄴ, ㄷ'과 같은 자음과 'ㅏ, ㅑ, ㅓ, ㅕ'와 같은 모음으로 이루어져 있어요. 자음과 모음이 어떻게 합쳐지느냐에 따라 글자가 달라지지요. 앞에서 글씨 쓰기의 가장 기초가 되는 자음과 모음 쓰기를 익혔다면 이번에는 자음과 모음을 붙인 글자를 쓰며 글자의 모양새를 익혀 보세요. 글씨 쓸 때 교정틀로 연습하면 글자의 모양을 바로잡는 데 도움이 됩니다. 자음과 모음이 어디쯤 위치하는지 주의 깊게 보며 연습해 보세요.

- **자음 + 세로 모음 = 세로 구조(◁)**

자음에 'ㅏ, ㅑ, ㅓ, ㅕ, ㅣ'와 같이 세로로 긴 모음이 올 때는 세로 구조(◁)에 맞춰 써요.

ㄱ + ㅏ = 가

ㅌ + ㅓ = 터

- **자음 + 가로 모음 = 가로 구조(△, ◇)**

자음에 'ㅗ, ㅛ, ㅜ, ㅠ, ㅡ'와 같이 가로로 긴 모음이 올 때는 가로 구조(△, ◇)에 맞춰 써요.

ㄴ + ㅗ = 노

ㅇ + ㅜ = 우

세로 구조(◁) 따라 쓰기

최고예요
잘했어요
완성

부모님 가이드

자음과 모음을 너무 붙여 쓰거나 반대로 너무 떨어뜨려서 쓰면 글자 모양이 예쁘지 않아요. 자음과 모음 사이의 간격을 적절히 유지하며 쓸 수 있도록 지도해 주세요.

> 자음보다 모음을 더 길게 써야 해요.

라 라 라
랴 랴 랴
머 머 머
며 며 며
비 비 비
배 배 배

 쓰기 연습을 해 보세요.

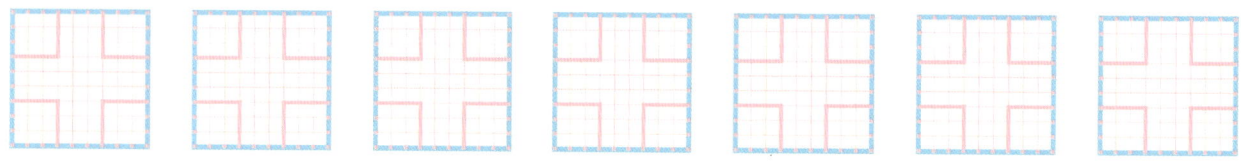

사	사	사				
샤	샤	샤				
어	어	어				
여	여	여				
지	지	지				
재	재	재				

✏️ 쓰기 연습을 해 보세요.

69

차	차	차				
쟈	쟈	쟈				
커	커	커				
켜	켜	켜				
티	티	티				
태	태	태				

✏️ 쓰기 연습을 해 보세요.

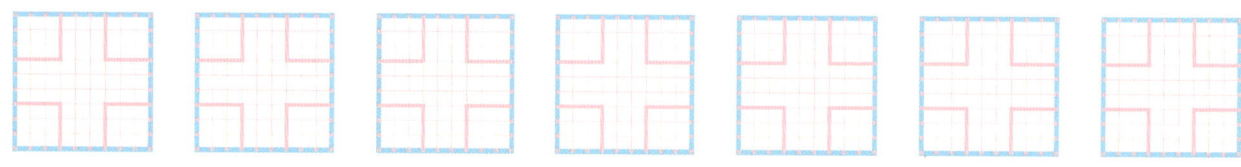

✏️ 쓰기 연습을 해 보세요.

가로 구조(△, ◇) 따라 쓰기

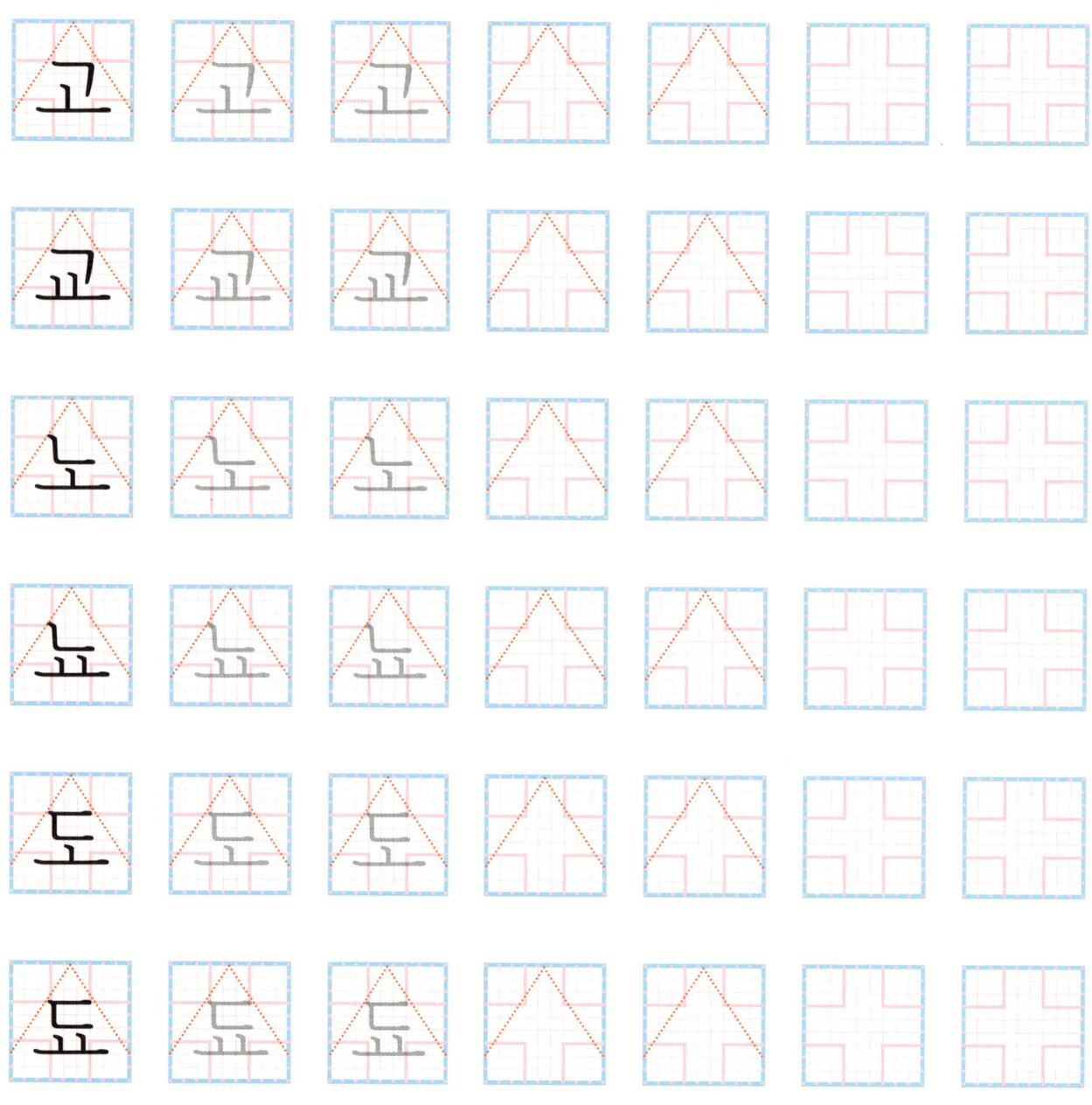

▶ **부모님 가이드**

자음보다 모음의 길이가 길어야 글씨가 안정감 있고 편안해 보여요. 가로 구조에 맞추어 잘 따라 쓸 수 있도록 격려해 주세요.

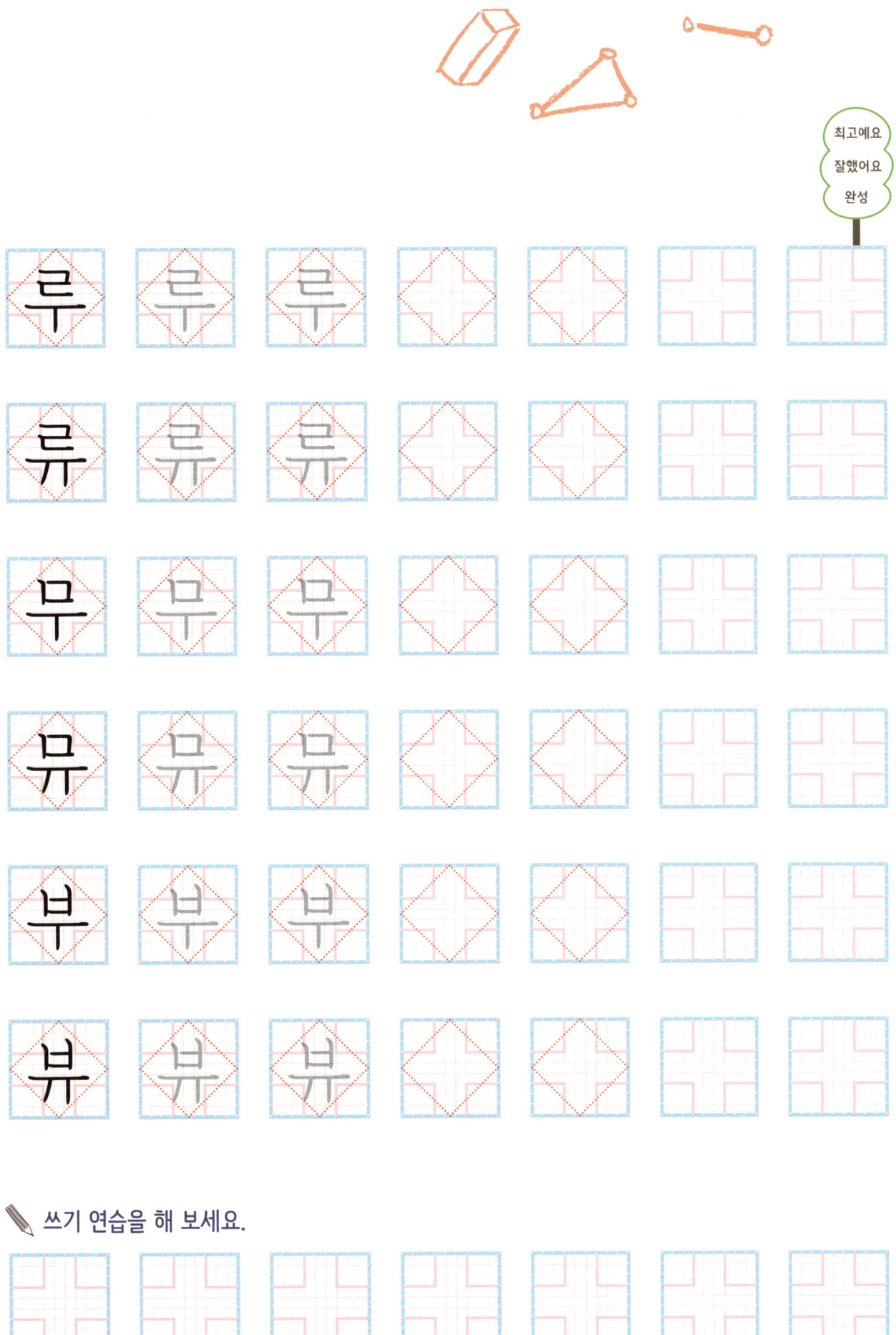

✏️ 쓰기 연습을 해 보세요.

73

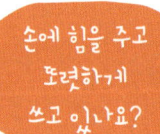

소	소	소				
쇼	쇼	쇼				
오	오	오				
요	요	요				
조	조	조				
죠	죠	죠				

✏️ 쓰기 연습을 해 보세요.

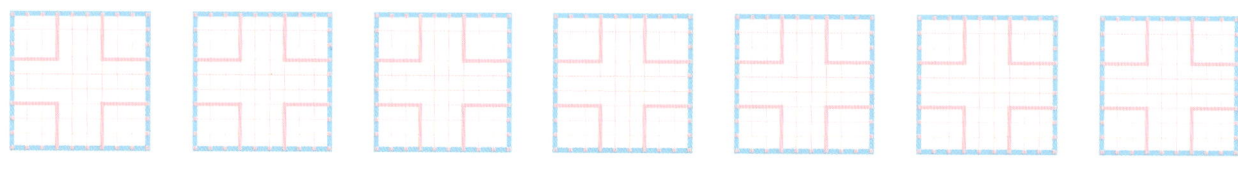

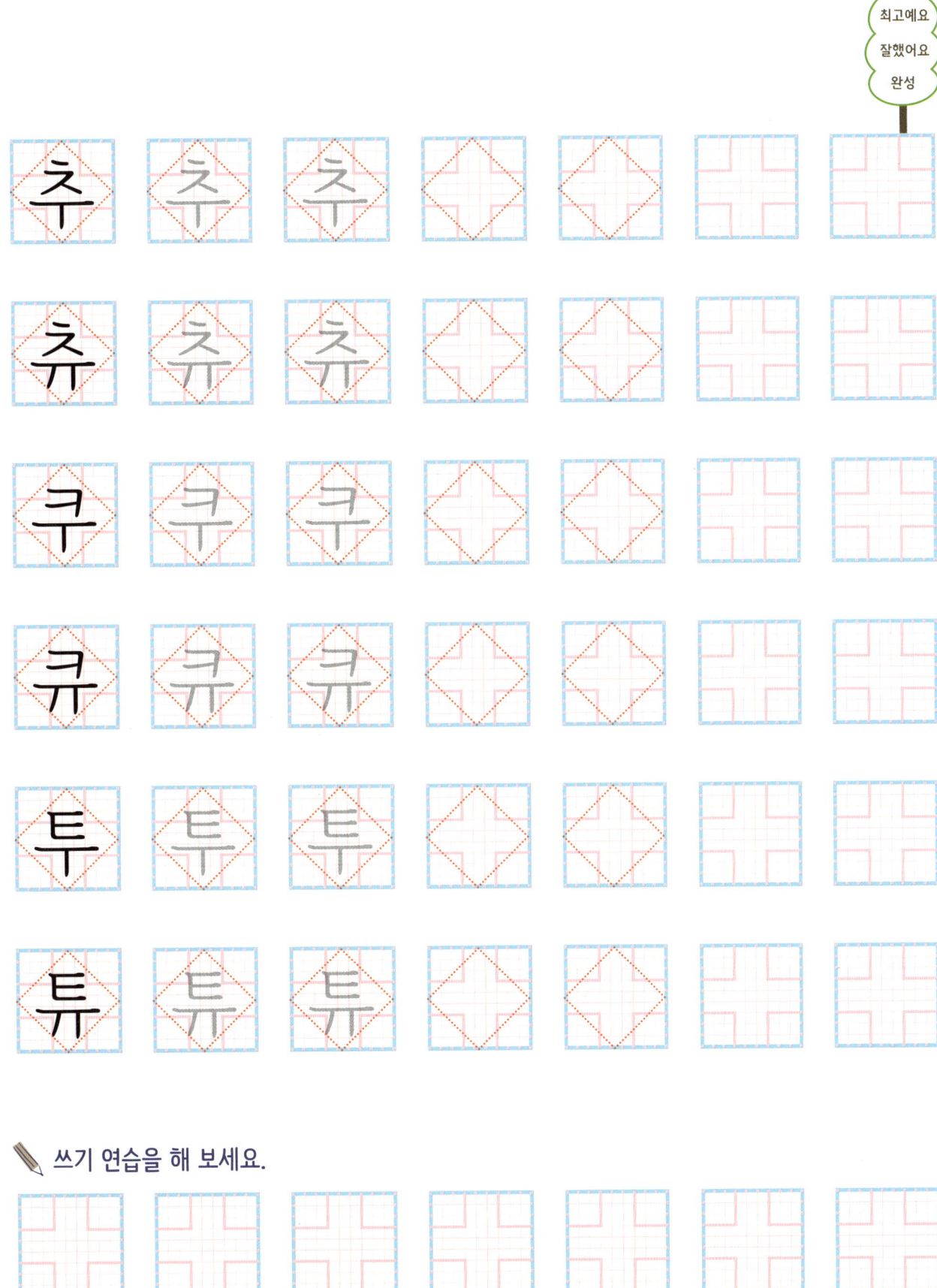

포	포	포				
포	포	포				
후	후	후				
휴	휴	휴				
그	그	그				
스	스	스				

✏️ 쓰기 연습을 해 보세요.

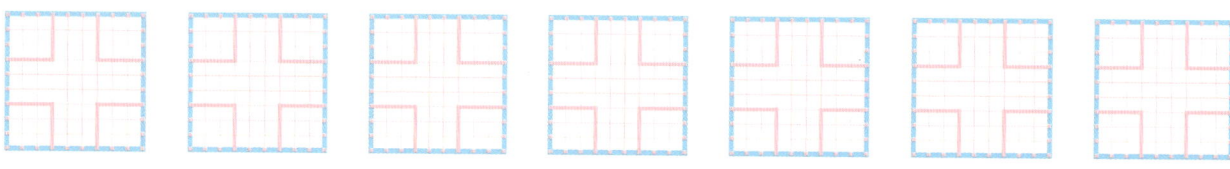

쌍자음 들어간 가로 구조(△, ◇) 따라 쓰기

부모님 가이드

쌍자음은 처음 써 보기 때문에 어려워할 수 있어요. ㄸ을 쓸 때 ㄷ과 ㄷ을 붙여 쓸 수 있도록 알려주세요. ㅆ과 ㅉ도 마찬가지랍니다.

잠깐! 쉬어가기

글씨 연습하느라 힘들었지요?
잠깐 쉬는 시간을 가져 볼까요?
귀여운 그림을 따라 그리고, 색칠도 마음껏 하며 스트레스를 날려 보세요.

PART 03

또박또박, 글씨가 예뻐지는 글자 연습

✓ 교과서 속 단어를 따라 쓰며 글자 모양을 바로잡아요!

받침 없는 단어 쓰기

두 글자로 된 단어를 따라 쓰면서 바른 글씨체를 익혀 볼까요?
먼저 받침이 없는 단어에 도전해 봐요. 자음과 세로 모음으로만 이루어진 세로형(◁) 단어, 자음과 가로 모음으로만 이루어진 가로형(△, ◇) 단어, 가로 모음과 세로 모음으로 된 글자로 이루어진 혼합형(◁, △) 단어를 연습해 보세요. 글자의 전체 모양을 생각하면서 쓰면 안정적인 모양새가 되어 예쁜 글씨가 완성됩니다.

• 세로형(◁) 단어 쓰기

'바다', '허리', '피리'처럼 자음과 세로 모음으로만 이루어진 단어는 세로형(◁) 구조에 맞춰 써요.

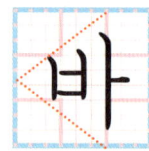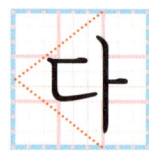 

• 가로형(△, ◇) 단어 쓰기

'포도', '우주', '호수'처럼 자음과 가로 모음으로만 이루어진 단어는 가로형(△, ◇) 구조에 맞춰 써요.

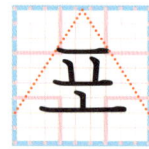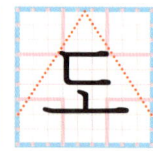 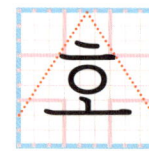

• 혼합형(◁, △) 단어 쓰기

'나무', '그네', '타조'처럼 가로 모음과 세로 모음으로 된 글자로 이루어진 단어는 혼합형(◁, △) 구조에 맞춰 써요.

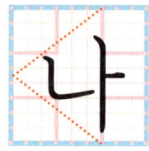 

세로형(◁) 단어 쓰기

부모님 가이드 최대한 손끝에 집중해 힘 있게 쓰면 손끝의 감각이 좋아져요. 끝까지 힘을 빼지 않고 쓸 수 있게 해 주세요.

가로형(△, ◇) 단어 쓰기

✏️ 쓰기 연습을 해 보세요.

쓰기 연습을 해 보세요.

혼합형(◁, △) 단어 쓰기

부모님 가이드 다양한 형태의 글자로 이루어져 있어요. 글자의 전체 모양새를 의식하며 한 획 한 획 정성껏 긋도록 격려해 주세요.

✏️ 쓰기 연습을 해 보세요.

87

이중 모음 단어 쓰기

▸ **부모님 가이드** 글자의 모양에 벗어나지 않도록 교정틀의 오른쪽 기준선에 맞춰 천천히 쓰도록 지도해 주세요.

복합 모음 단어 쓰기

✏️ 쓰기 연습을 해 보세요.

받침 있는 단어 쓰기

받침이 있는 글자는 두 가지 형태만 기억하면 돼요. 자음에 세로 모음과 받침이 결합된 글자는 네모형(□) 구조로, 자음에 가로 모음과 받침이 결합된 글자는 마름모형(◇) 구조로 쓰면 됩니다. 받침 있는 단어를 쓸 때는 자음과 모음의 크기 비율이 아주 중요해요. 자음이나 모음이 너무 크거나 작으면 글자의 모양이 무너져 보일 수 있거든요. 글자의 전체 모양새를 의식하며 연습해 볼까요?

- **자음 + 세로 모음 + 받침 = 네모형(□) 구조**

자음에 'ㅏ, ㅑ, ㅓ, ㅕ, ㅣ, ㅐ, ㅒ, ㅔ, ㅖ'와 같은 세로 모음과 받침이 함께 쓰일 때는 네모형(□) 구조에 맞춰 써요.

$$바 + ㅌ = 밭$$

- **자음 + 가로 모음 + 받침 = 마름모형(◇) 구조**

자음에 'ㅗ, ㅛ, ㅜ, ㅠ, ㅡ'처럼 가로로 긴 모음과 받침이 함께 쓰일 때는 마름모형(◇) 구조에 맞춰 써요.

$$무 + ㄹ = 물$$

네모형(□) 구조 단어 쓰기

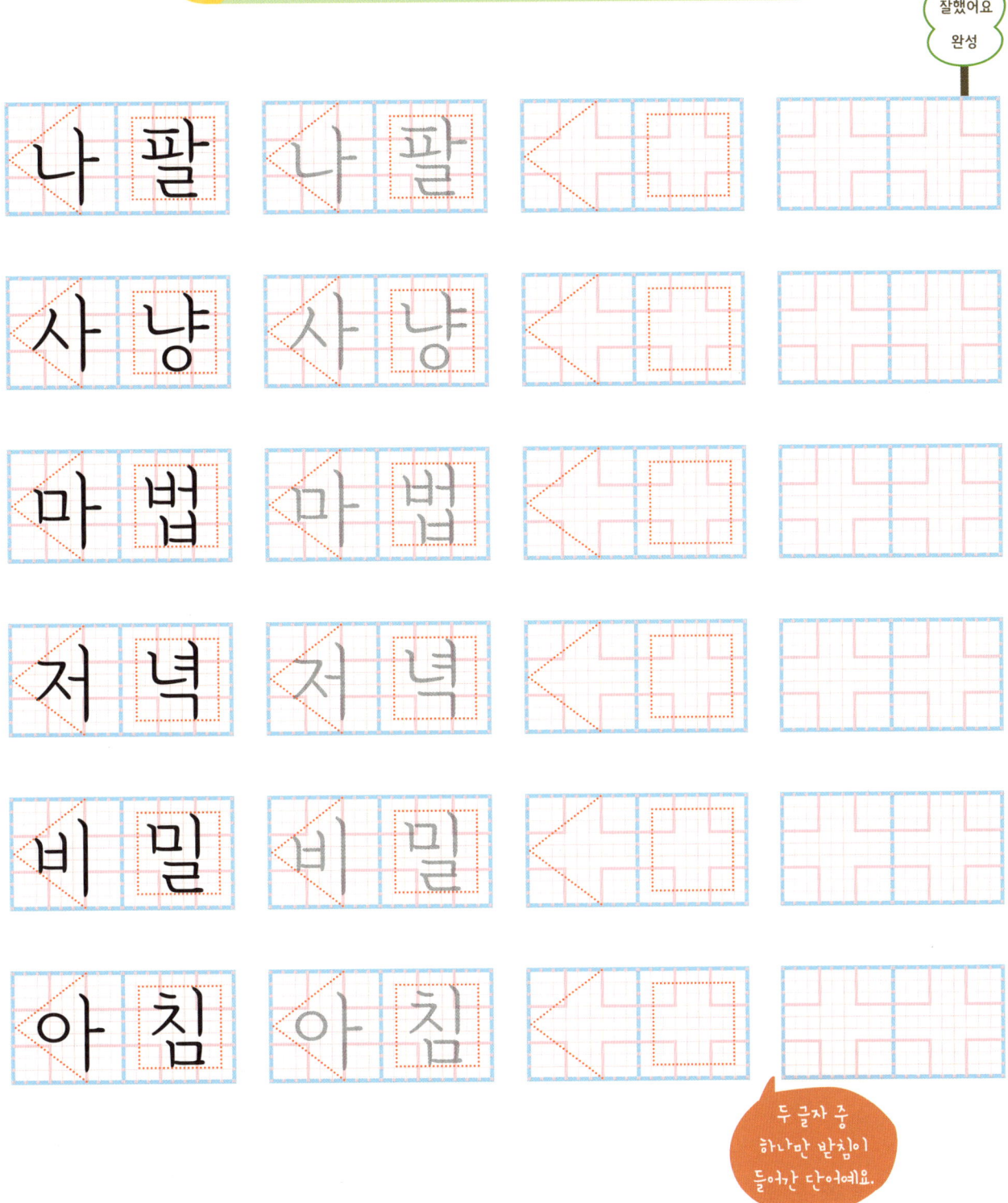

부모님 가이드 반듯한 네모 모양의 형태를 생각하며 글자를 쓸 수 있도록 도와 주세요. 아직 익숙하지 않아 받침이 없는 글자보다 많이 커질 수 있어요. 기준선에 맞춰 쓰도록 옆에서 격려해 주세요.

대답	대답		
치약	치약		
계절	계절		
여행	여행		
벌레	벌레		
편지	편지		

✏️ 쓰기 연습을 해 보세요.

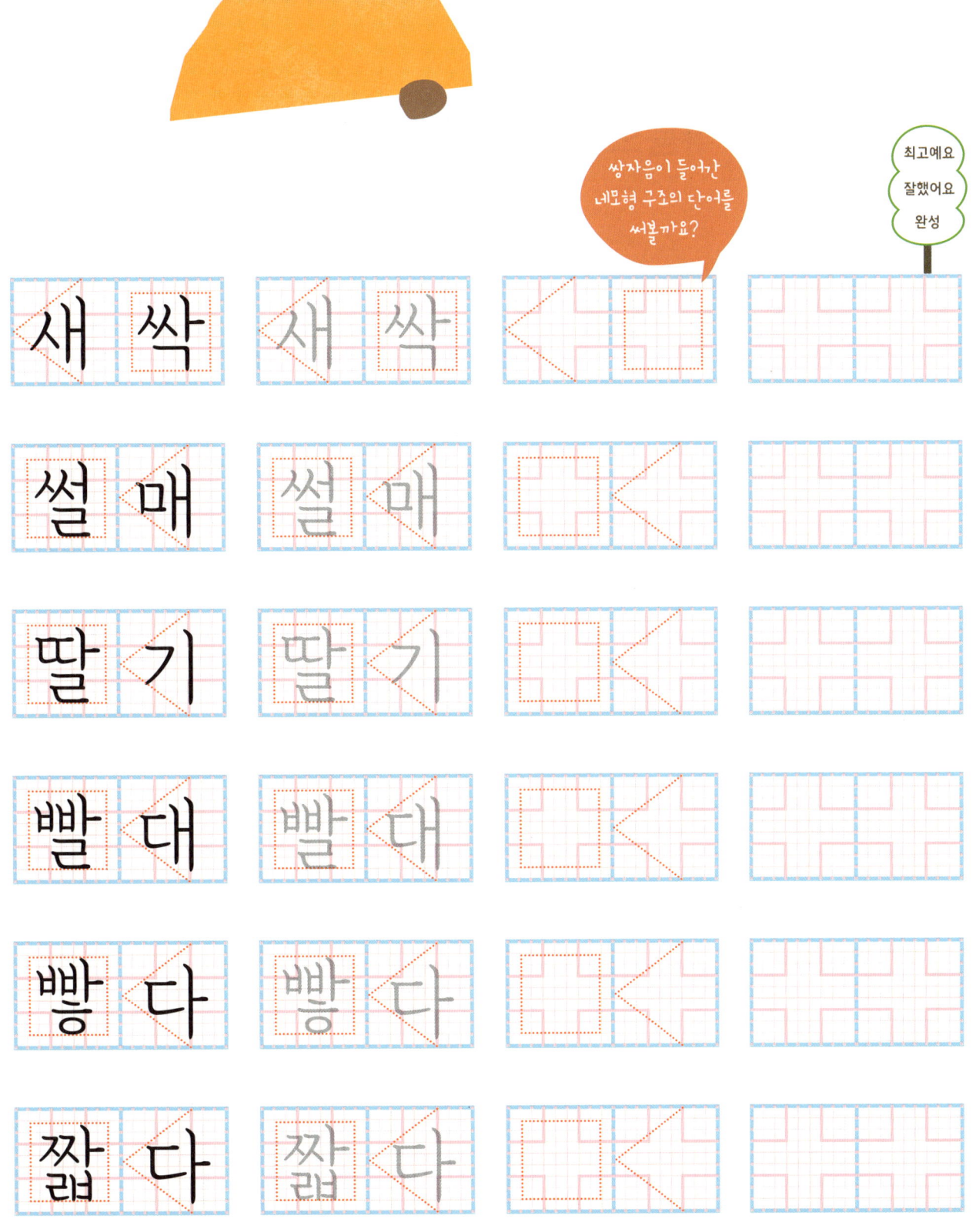

마름모형(◇) 구조 단어 쓰기

두 글자 중 하나만 받침이 들어간 마름모형(◇) 단어예요.

✏️ 쓰기 연습을 해 보세요.

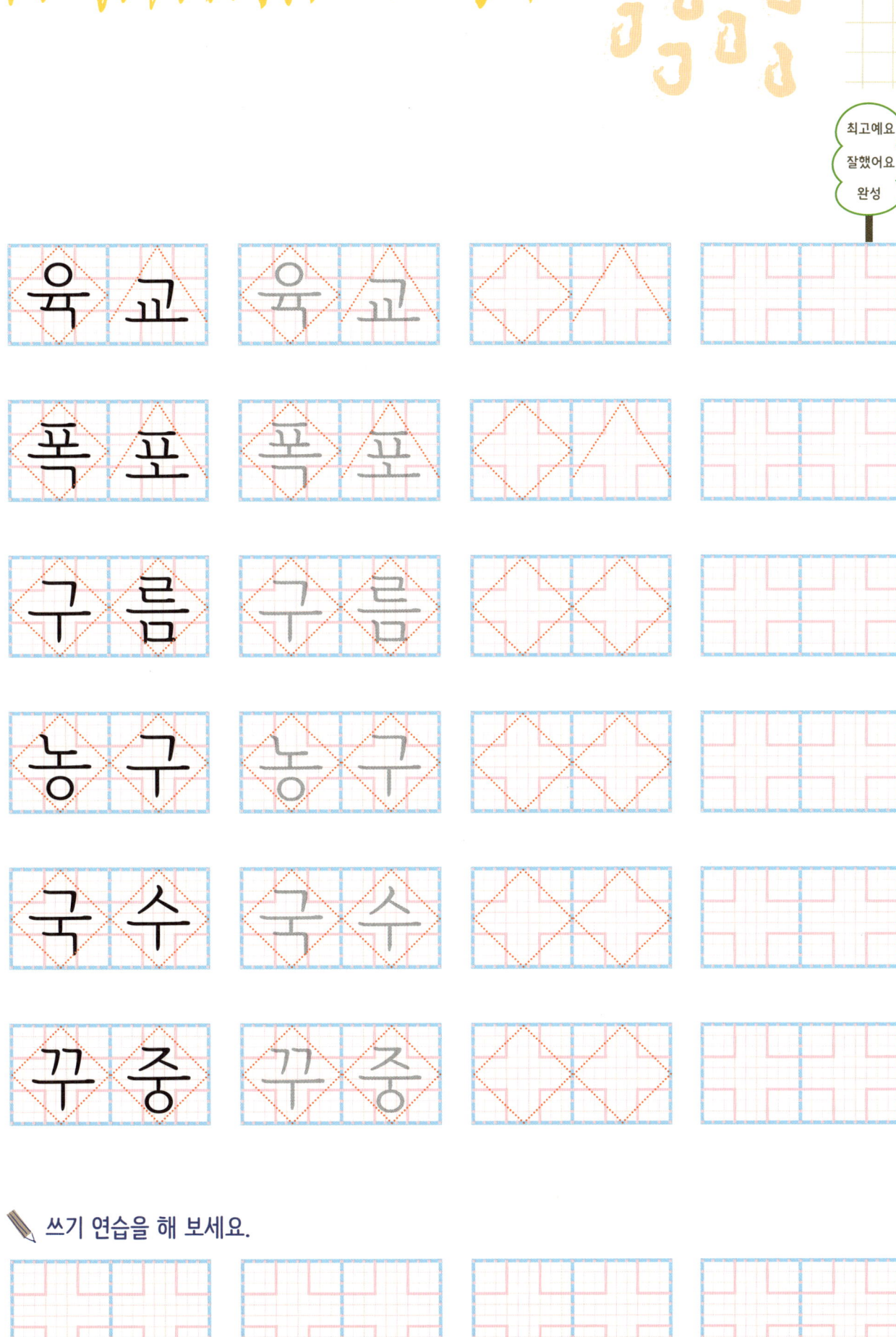

받침이 모두 들어간 네모형(口) 구조 단어 쓰기

▶ **부모님 가이드** ㅁ과 ㅂ은 획순을 제대로 지키며 써야 해요. 획순을 줄여 빨리 쓰면 글자의 모양이 무너집니다. 받침까지 정확하게 획순을 지키며 쓸 수 있게 도와 주세요.

받침이 모두 들어간 마름모형(◇) 구조 단어 쓰기

부모님 가이드 가로 모음을 자음보다 조금 더 길게 그어야 보기에 좋아요. 위의 자음과 받침의 크기는 비슷하게 쓰도록 지도해 주세요.

✏️ 쓰기 연습을 해 보세요.

학습능력 업!
틀리기 쉬운 맞춤법

틀리기 쉬운 단어

가장 많이 틀리는 맞춤법은 'ㅐ'를 써야 할 때 'ㅔ'를 쓰는 경우예요. 'ㄱ과 ㅋ', 'ㄷ과 ㅅ' 받침도 자주 틀리는 맞춤법이지요. 다시는 틀리지 않도록 잘 기억해 두세요.

글자를 곧고 반듯하게 써도 맞춤법이 틀린다면 속상할 거예요. 예쁜 글씨만큼 자신 있게 단어를 쓸 수 있도록 아이들이 많이 틀리는 맞춤법을 모아 봤어요. 어렵고 헷갈리는 단어들을 따라 써 보며 잘 익혀 두세요. 글씨 쓰는 것도 재밌고 학교 성적도 쑥쑥 오를 거예요.

헷갈리기 쉬운 단어

아이들은 '짓과 짖', '맞과 맡', '레와 래' 등의 단어를 많이 헷갈려 해요. 비슷한 소리가 나기 때문인데, 어떤 받침을 쓰느냐에 따라 의미가 달라질 수 있어 반드시 구별해야 해요.

갖다 / 같다

- 갖다 : 손이나 몸 따위에 있게 하다. '가지다'의 준말.
- 같다 : 서로 다르지 않고 하나다.

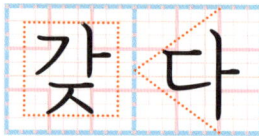 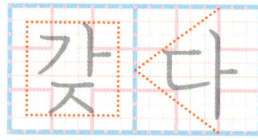 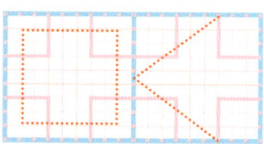 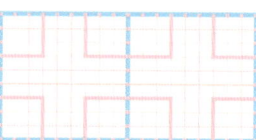
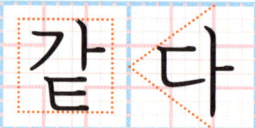 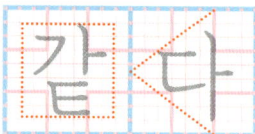 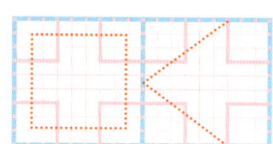 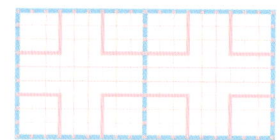

맞다 / 맡다

- 맞다 : 문제에 대한 답이 틀리지 않다.
- 맡다 : 코로 냄새를 느끼다.

 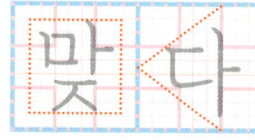 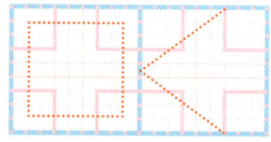 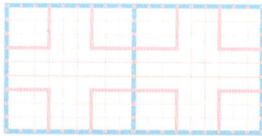
 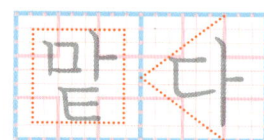 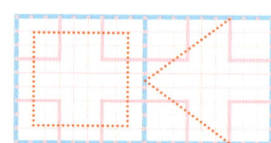 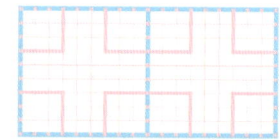

짓다 / 짖다

- 짓다 : 재료를 들여 밥, 옷, 집 등을 만들다.
- 짖다 : 개가 목청으로 소리를 내다.

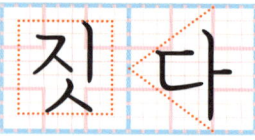 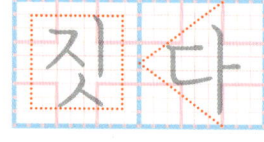 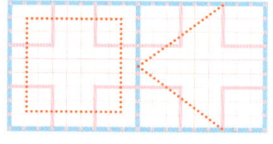 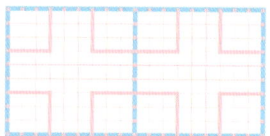
 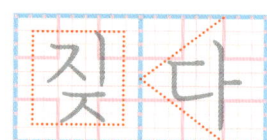 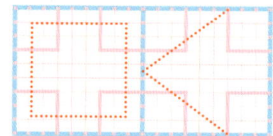 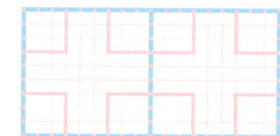

세다 / 새다

- 세다 : 사물의 수를 헤아리거나 꼽다.
- 새다 : 기체, 액체 등이 틈이나 구멍으로 조금씩 빠져나가다.

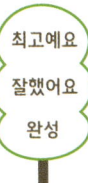

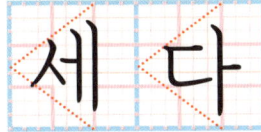 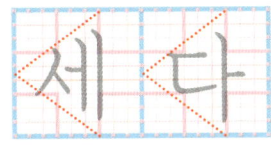 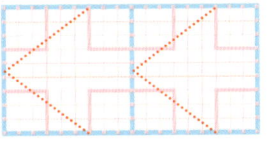 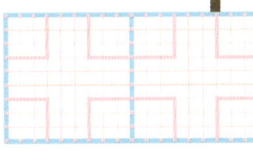

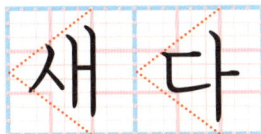  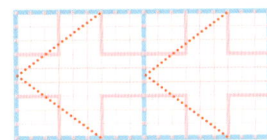 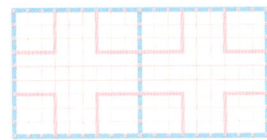

모레 / 모래

- 모레 : 내일의 다음 날.
- 모래 : 자연히 잘게 부스러진 돌 부스러기.

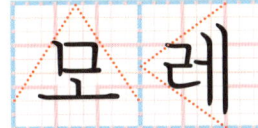 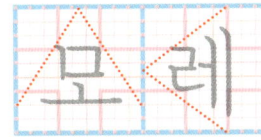 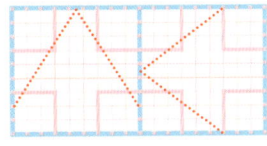 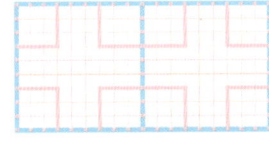

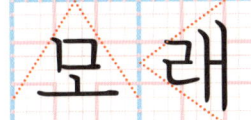  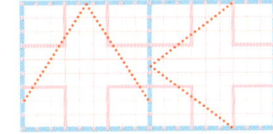 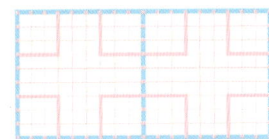

제목 / 재목

- 제목 : 글, 작품, 강연 등에서 그것을 대표하거나 내용을 보이기 위해 붙이는 이름.
- 재목 : 목조의 건축물, 기구 등을 만드는 데 사용하는 나무.

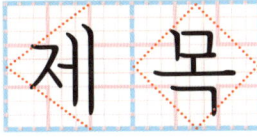 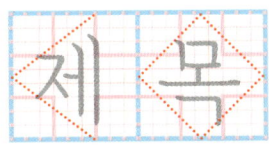 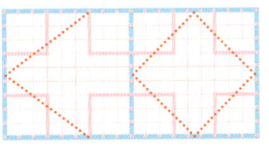 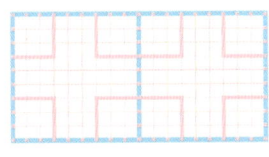

  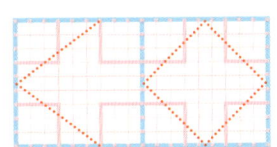 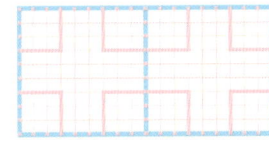

잠깐! 쉬어가기

글씨 연습을 잠깐 쉴까요?
아기 공룡이 엄마 공룡을 찾으러 가는
미로 찾기를 하며 스트레스를 날려 보세요.

PART 04

가지런히, 쓰기만 해도
술술 읽히는 문장 연습

✓ 교과서 속 내용을 따라 쓰며 자신감과 성적이 쑥쑥!

같은 높이로 문장 쓰기

문장을 쓸 때 기억해야 할 것은 두 가지예요. '글자 높이 일정하게 맞추기'와 '글자 크기 일정하게 쓰기'이지요. 글씨를 예쁘게 쓰지 못하는 친구들은 글자가 점점 위로 올라가거나 내려가요. 글자 크기도 점점 작아지거나 점점 커지거나 또는 들쭉날쭉하지요. 하지만 글자들의 키를 맞춰 가지런하게만 써도 글씨가 정돈되고 깔끔해 보입니다. 먼저 고사성어와 속담처럼 짧은 문장부터 연습해 봐요. 이때도 선은 반드시 바르고 곧아야 한다는 것을 잊지 마세요.

○ **글자 높이 일정하게 맞추기**

하늘 위로 날아가거나 바닥으로 내려가는 글씨는 이제 그만! 글자들의 키 높이를 잘 맞춰 가지런하게 써 보세요. 줄틀의 위와 아래에 딱 맞게 글씨를 쓰면 글자의 높이가 잘 맞춰져요.

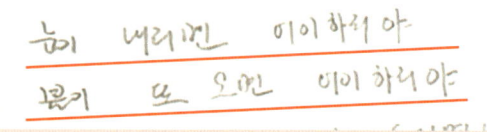

위로 올라가는 글씨 　　　　　 일정한 높이로 쓴 글씨

○ **글자 크기 일정하게 쓰기**

글자의 크기가 커졌다 작아졌다 하면 산만해 보여요. 첫 번째 쓴 글자의 크기에 맞춰 똑같은 크기로 글자를 쓰도록 노력해야 해요.

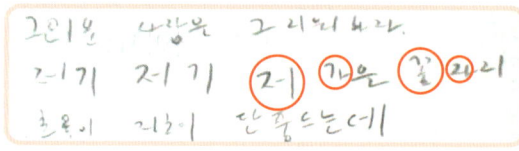 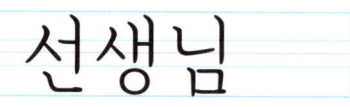

크기가 커졌다 작아졌다 하는 글씨 　　　　　 크기가 똑같은 글씨

고사성어 쓰기

권선징악

'착한 일을 권하고 악한 일을 벌한다'라는 뜻이에요. 착한 일을 한 사람에게는 상을 주고 나쁜 일을 하는 사람에겐 벌을 줄 때 사용하는 표현이지요.

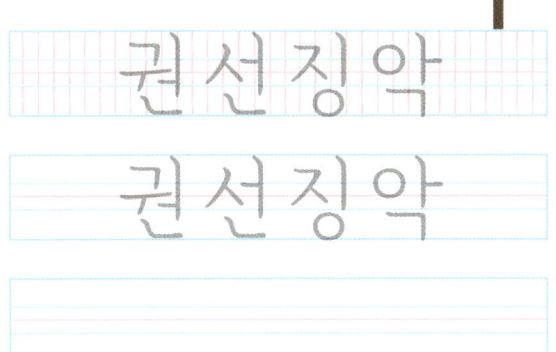

낭중지추

'주머니 속의 송곳'이란 뜻으로, 재주가 뛰어난 사람은 저절로 드러난다는 말이에요.

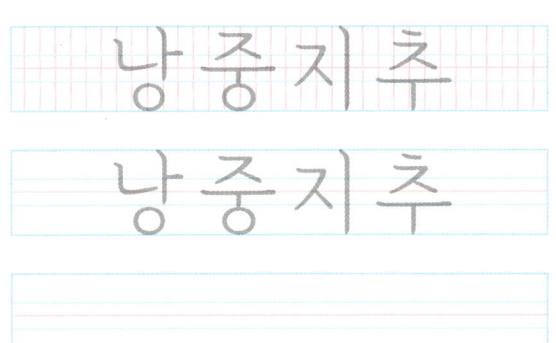

이심전심

'마음에서 마음으로 뜻이 전해진다'라는 뜻이에요. 굳이 말을 하지 않아도 상대방이 내 뜻을 알아줄 때 사용한답니다.

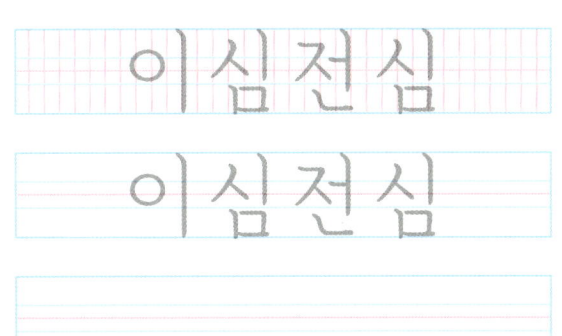

부모님 가이드

고사성어는 한자로 만들어진 어휘라 어렵게 느껴질 수 있어요. 뜻도 함축적이라 의미도 파악하기 힘들지요. 옆에서 뜻을 알려 주며 글자를 따라 쓰게 하면 필기감과 이해력이 좋아질 거예요.

개과천선

'지난 잘못을 고쳐 착하게 바뀐다'라는 뜻이에요. 자신의 잘못을 뉘우치고 착한 사람이 되었다는 말로, 진심으로 반성한 사람에게 사용하는 표현이지요.

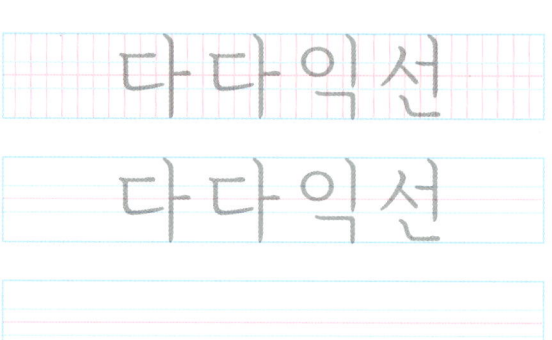

다다익선

'많으면 많을수록 더 좋다'라는 뜻으로, 물건이나 돈이 많을수록 좋다는 표현을 할 때 흔히 사용해요.

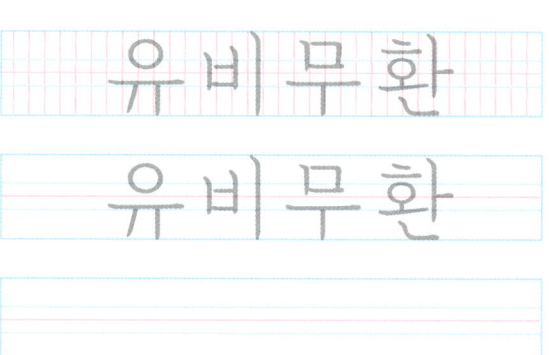

유비무환

'준비가 되어 있으면 근심이 없다'라는 뜻으로, 미리 준비하면 나중에 걱정할 일이 없다는 말이지요.

> 교정틀이 없어도 글자의 모양이 무너지지 않도록 써야 해요.

 쓰기 연습을 해 보세요.

과유불급

'지나친 것은 미치지 못한 것과 같다'라는 뜻이에요. 지나치거나 모자라지 않고 한 쪽으로 치우치지 않는 상태가 중요함을 이야기하는 말이지요.

동문서답

'동쪽을 묻자 서쪽을 답하다'라는 뜻으로, 질문에 대해 엉뚱한 대답을 늘어놓을 때 사용해요.

전화위복

'화가 바뀌어 오히려 복이 된다'는 뜻이에요. 불행한 일이라도 노력하면 행복한 일로 바뀔 수 있다는 말이지요.

 쓰기 연습을 해 보세요.

속담 쓰기

가는 말이 고와야 오는 말이 곱다.

가는 말이 고와야 오는 말이 곱다.

가는 말이 고와야 오는 말이 곱다.

✔ 내가 먼저 좋게 말하고 좋게 행동해야 남도 나에게 좋게 대한다는 뜻이에요.

등잔 밑이 어둡다.

등잔 밑이 어둡다.

등잔 밑이 어둡다.

✔ 등잔 밑이 어두우면 바늘이 보이지 않는 것처럼 소중한 것을 가까이에 두고도 알아보지 못한다는 뜻이에요.

돌다리도 두들겨 보고 건너라.

돌다리도 두들겨 보고 건너라.

돌다리도 두들겨 보고 건너라.

✔ '단단한 돌다리도 무너질 위험이 있는지 두들겨 보고 건너라'라는 말로, 잘 아는 일도 주의해야 실수하지 않는다는 뜻이에요.

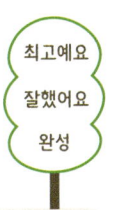

백지장도 맞들면 낫다.

백지장도 맞들면 낫다.
백지장도 맞들면 낫다.

✓ 작고 사소한 일도 서로 도와 함께하면 쉽게 할 수 있다는 뜻이랍니다.

보기 좋은 떡이 먹기도 좋다.

보기 좋은 떡이 먹기도 좋다.
보기 좋은 떡이 먹기도 좋다.

✓ 겉모양이 좋으면 내용도 알차다는 말이에요. 말과 겉모양새를 바르고 단정하게 하는 것도 중요하다는 뜻이지요.

세 살 버릇 여든까지 간다.

세 살 버릇 여든까지 간다.
세 살 버릇 여든까지 간다.

✓ 어릴 때 생긴 버릇은 나이 들어도 쉽게 고치기 힘들어요. 어릴 때부터 좋은 습관을 갖도록 노력해야 한다는 뜻이에요.

글자가 갑자기 커지지 않도록 천천히 따라 써요.

공든 탑이 무너지랴.

공든 탑이 무너지랴.
공든 탑이 무너지랴.

✔ 오랜 시간 공들여 쌓은 탑은 쉽게 무너지지 않아요. 어떤 일을 할 때 정성을 다해 오랫동안 하면 반드시 좋은 결과를 얻을 수 있다는 뜻이에요.

발 없는 말이 천 리 간다.

발 없는 말이 천 리 간다.
발 없는 말이 천 리 간다.

✔ 말은 아주 멀리까지 순식간에 퍼지기 때문에 항상 말조심을 해야 한다는 뜻이에요.

좋은 약은 입에 쓰다.

좋은 약은 입에 쓰다.
좋은 약은 입에 쓰다.

✔ 누군가 나의 단점을 말해주거나 충고할 때 당장은 듣기 싫어도 잘 새겨들으면 나에게 이롭고 도움이 된다는 뜻이에요.

소귀에 경 읽기.

소귀에 경 읽기.

소귀에 경 읽기.

✓ 소귀에 대고 경전을 읽어도 소는 알아듣지 못해요. 아무리 가르쳐도 알아듣지 못하면 소용없다는 뜻이에요.

윗물이 맑아야 아랫물도 맑다.

윗물이 맑아야 아랫물도 맑다.

윗물이 맑아야 아랫물도 맑다.

✓ 윗사람이 먼저 바르게 행동해야 아랫사람도 본받아 잘한다는 말이에요.

천 리 길도 한 걸음부터

천 리 길도 한 걸음부터

천 리 길도 한 걸음부터

✓ 먼 길을 가는 것도 한 걸음을 내디뎌야 갈 수 있어요. 무슨 일이든 시작이 중요하다는 뜻이에요.

명확하게 띄어 쓰는 문장 연습

문장을 쓸 때는 글자의 간격과 띄어쓰기에 주의해야 해요. 교정틀로 한 글자씩 연습하다가 문장을 쓰게 되면 기준선이 없어 글자와 글자 사이가 너무 떨어지거나 너무 붙는 경우가 많아요. 그러면 띄어쓰기가 분명하지 않아 읽기가 어렵고 문장이 산만해 보여요. 한 단어일 때 글자들의 간격은 붙이고, 단어와 단어 사이는 명확히 떨어뜨려야 보기에도 좋고 한눈에 읽기 쉽답니다. 반드시 기억하세요. 단어와 단어는 분명하게 띄어야 합니다.

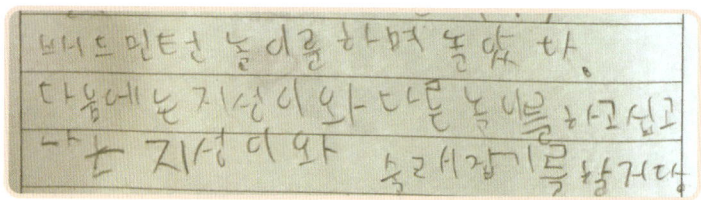

글자의 간격이 다 떨어져 있는 글씨

글자의 간격이 알맞고, 띄어쓰기가 잘 된 글씨

지금부터는 교과서에 나오는 동시와 이야기 내용을 따라 쓰며 문장 연습을 할 거예요. 일정한 크기로 예쁜 표현을 따라 쓸 수 있게 해주세요. 글씨 향상은 물론 어휘력과 표현력이 자라날 거예요.

동시 쓰기

– 김상련, 〈아침〉 1학년 2학기 국어 교과서 수록

뚜, 뚜,

뚜, 뚜,

나팔꽃이 일어나래요.

나팔꽃이 일어나래요.

똑, 똑,

똑, 똑,

아침 이슬이 세수하래요.

아침 이슬이 세수하래요.

> 단어와 단어가
> 붙어 보이지
> 않아야 해요.

방긋, 방긋,

방긋, 방긋,

아침 해가 노래하재요.

아침 해가 노래하재요.

- 윤석중, 〈키 대보기〉 2학년 1학기 국어 교과서 수록

누구 키가 더 큰가

누구 키가 더 큰가

어디 한번 대보자.

어디 한번 대보자.

올라서면 안 된다.

올라서면 안 된다.

발을 들면 안 된다.

발을 들면 안 된다.

똑같구나 똑같애

똑같구나 똑같애

내일 다시 대보자.

내일 다시 대보자.

– 이화주, 〈풀밭을 걸을 땐〉 2학년 1학기 국어 교과서 수록

풀밭을 걸을 땐

풀밭을 걸을 땐

발끝으로 걸어도

발끝으로 걸어도

뒤꿈치로 걸어도

뒤꿈치로 걸어도

풀꽃에게 미안해

풀꽃에게 미안해

풀밭을 걸을 땐

풀밭을 걸을 땐

내 발이

내 발이

아기 새 발이면

아기 새 발이면

참 좋겠다.

참 좋겠다.

교과서 내용 쓰기

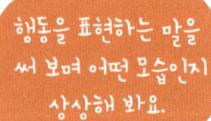
행동을 표현하는 말을 써 보며 어떤 모습인지 상상해 봐요.

두 발로 성큼성큼 걸어요.
두 발로 성큼성큼 걸어요.

고개를 돌리며 기웃기웃 살펴요.
고개를 돌리며 기웃기웃 살펴요.

토끼가 깡충깡충 뛰어요.
토끼가 깡충깡충 뛰어요.

새가 날개를 활짝 펴고 훨훨 날아요.
새가 날개를 활짝 펴고 훨훨 날아요.

 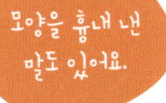 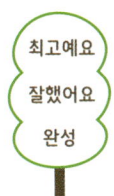

열매가 주렁주렁 열렸어요.
열매가 주렁주렁 열렸어요.

두 눈이 반짝반짝 빛나요.
두 눈이 반짝반짝 빛나요.

뭉게구름이 둥실둥실 떠가요.
뭉게구름이 둥실둥실 떠가요.

꽃잎이 살랑살랑 움직여요.
꽃잎이 살랑살랑 움직여요.

> 사물의 소리를 흉내 낸 말을 '의성어'라고 해요. 어떤 말이 있나 따라 써 볼까요?

돼지는 꿀꿀꿀 고양이는 야옹야옹

돼지는 꿀꿀꿀 고양이는 야옹야옹

시냇물은 졸졸졸 파도는 철썩철썩

시냇물은 졸졸졸 파도는 철썩철썩

탬버린은 찰찰찰 북소리는 둥둥둥

탬버린은 찰찰찰 북소리는 둥둥둥

자전거는 따르릉따르릉 기차는 칙칙폭폭

자전거는 따르릉따르릉 기차는 칙칙폭폭

시간을 나타내는 말을 사용해 순서에 맞게 글을 쓰는 연습을 해 봐요.

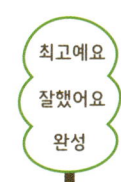

아침 일찍 일어나 외출 준비를 했어요.
아침 일찍 일어나 외출 준비를 했어요.

점심때 동물원에 도착했어요.
점심때 동물원에 도착했어요.

한 시에 원숭이를 봤어요.
한 시에 원숭이를 봤어요.

오후 세 시에 코끼리를 봤어요.
오후 세 시에 코끼리를 봤어요.

> 어려운 받침에 주의하며 문장을 따라 써 봐요.

나는 넓은 잔디에 앉아서

나는 넓은 잔디에 앉아서

맑은 하늘을 보았습니다.

맑은 하늘을 보았습니다.

나비가 얇은 날개로 하늘을 날아다닙니다.

나비가 얇은 날개로 하늘을 날아다닙니다.

친구는 맨발로 풀을 밟았습니다.

친구는 맨발로 풀을 밟았습니다.

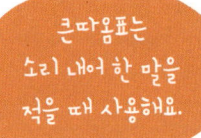
큰따옴표는 소리 내어 한 말을 적을 때 사용해요.

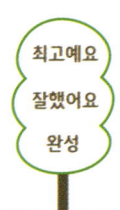
최고예요
잘했어요
완성

"은지야, 생일 축하해!"

"은지야, 생일 축하해!"

친구에게 생일 선물을 받았어요.

친구에게 생일 선물을 받았어요.

작은따옴표는 마음속으로 한 말을 쓸 때 사용해요.

'어떤 선물일까?' 궁금했어요.

'어떤 선물일까?' 궁금했어요.

가장 갖고 싶어 했던 동화책이었어요.

가장 갖고 싶어 했던 동화책이었어요.

학습능력 업! 틀리기 쉬운 받아쓰기

꽃을 꺾지 마세요.

꽃을 꺾지 마세요.

잎사귀가 시들었구나.

잎사귀가 시들었구나.

햇볕이 따뜻해요.

햇볕이 따뜻해요.

이를 깨끗이 닦아요.

이를 깨끗이 닦아요.

초등학교 입학을 앞두고 처음 받아쓰기 시험을 대비하는 아이를 위해, 받아쓰기 점수가 들쭉날쭉한 아이를 위해 준비했어요. 가장 틀리기 쉬운 문장들을 연습하며 바르게 표기하는 받아쓰기 능력을 키워 보세요. 100점이 눈앞에 있어요!

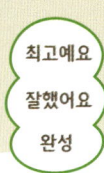

연필을 깎습니다.

연필을 깎습니다.

가방을 쌌습니다.

가방을 쌌습니다.

저는 2학년 5반이에요.

저는 2학년 5반이에요.

가장 쉬운 문제는 맞혔어요.

가장 쉬운 문제는 맞혔어요.

나중에 전화할게.

나중에 전화할게.

오늘은 며칠이니?

오늘은 며칠이니?

이불을 덮고 자요.

이불을 덮고 자요.

땅을 짚고 헤엄쳐요.

땅을 짚고 헤엄쳐요.

최고예요
잘했어요
완성

책이 반듯이 꽂혀 있어요.
책이 반듯이 꽂혀 있어요.

부엌에서 떡볶이를 먹어요.
부엌에서 떡볶이를 먹어요.

친구들과 생일잔치를 벌였어요.
친구들과 생일잔치를 벌였어요.

베개를 안 베고 자서 목이 아파요.
베개를 안 베고 자서 목이 아파요.

학습능력 업! 틀리기 쉬운 띄어쓰기

용돈이 만 원 있어요.

용돈이 만 원 있어요.

고구마 한 개만 먹을게.

고구마 한 개만 먹을게.

운동화 두 켤레가 있어요.

운동화 두 켤레가 있어요.

스르륵 잠이 잘 와.

스르륵 잠이 잘 와.

'띄어야 할까? 붙여야 할까?' 문장을 쓰다 보면 헷갈리는 게 한두 개가 아니에요. 하지만 조금만 시간을 들여 쓰기 연습을 한다면 띄어쓰기가 점점 쉽고 재미있게 느껴질 거예요. 자신감은 물론 띄어쓰기 실력도 훌쩍 자랄 거랍니다.

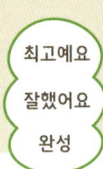

나는 아홉 살이에요.

나는 아홉 살이에요.

여기를 봐 주세요.

여기를 봐 주세요.

나를 꼭 껴안아 주세요.

나를 꼭 껴안아 주세요.

자고 나면 주고받는 말

자고 나면 주고받는 말

크레파스 써도 돼.

크레파스 써도 돼.

수수께끼의 답을 맞혀 봐!

수수께끼의 답을 맞혀 봐!

온종일 일 맛 나지요.

온종일 일 맛 나지요.

몇 날 며칠을 놀려 댔겠지요.

몇 날 며칠을 놀려 댔겠지요.

집 밖으로 나갈 수가

집 밖으로 나갈 수가

숲에 쌓여 있는 낙엽

숲에 쌓여 있는 낙엽

몇 걸음 걷던 황새가

몇 걸음 걷던 황새가

새 떼를 쫓으려고 서 있는

새 떼를 쫓으려고 서 있는

잠깐! 쉬어가기

문장 쓰기 연습하느라 손이 굳었을 거예요.
잠깐 쉬는 시간을 가져 볼까요?
아래의 그림에서 숨은 그림을 찾아 보세요.
다 찾은 후엔 예쁘게 색칠도 하며 스트레스를 날려 보세요.

숨은 그림

PART 05

귀엽게 쓰는
생활 속 다양한 손글씨

숫자 & 알파벳 글씨 연습

곧고 바른 글씨를 쓰게 되었나요? 이번에는 언제 어디서든 가장 많이 쓰는 숫자와 알파벳을 연습해 볼 거예요. 곡선이 많은 숫자와 알파벳은 최대한 매끄럽고 깔끔하게 써야 한눈에 알아보기 쉬워요. 특히 알파벳은 자음처럼 글자의 전체 모양새를 의식하며 단정하게 써야 합니다. 대문자를 먼저 연습한 후 소문자도 천천히 따라 써 보세요.

숫자 쓰기

숫자에는 '0, 2, 3, 6, 8'처럼 둥글게 써야 하는 부분이 많아요. 각지지 않도록 한 번에 매끄럽게 그어야 숫자를 예쁘게 쓸 수 있답니다. 숫자도 교정틀의 기준선에 맞춰 연습해 보세요.

알파벳 쓰기

알파벳에도 곡선이 많아요. 둥근 부분은 매끄럽게 쓰고, 세로선과 비스듬한 선은 곧고 반듯하게 그어야 합니다. 알파벳은 줄틀에 맞춰 연습해 보세요. 특히 소문자는 줄틀의 아랫선에 가지런히 맞춰 쓰면 보기에 좋답니다.

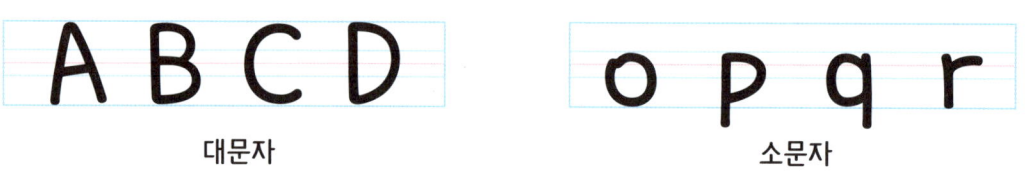

대문자   소문자

숫자 쓰기

교정틀의 기준선에 맞춰 숫자를 연습해 보세요.
두 개의 숫자가 합쳐진 10단위 숫자는 붙여 써야 해요.

최고예요
잘했어요
완성

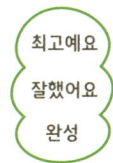

1 1 1 1 2 2 2 2

3 3 3 3 4 4 4 4

5 5 5 5 6 6 6 6

7 7 7 7 8 8 8 8

9 9 9 9 0 0 0 0

10 20 30 40 50 60 70 80 90 100

10 20 30 40 50 60 70 80 90 100

알파벳 쓰기

대문자부터 소문자까지 줄틀에 맞춰 천천히 따라 써 보세요.

A B C D E F
A B C D E F

G H I J K L
G H I J K L

M N O P Q R
M N O P Q R

S T U V W X Y Z
S T U V W X Y Z

a b c d e f
a b c d e f

g h i j k l
g h i j k l

m n o p q r
m n o p q r

s t u v w x y z
s t u v w x y z

영어 문장 쓰기

쉬운 영어 문장도 따라 써 볼까요?

✓ (만났을 때) 안녕!

Hello! Hello!

✓ (헤어질 때) 안녕!

Good bye! Good bye!

✓ 고마워.

Thank you. Thank you.

✓ 좋아해.

I like you.   I like you.

✓ 미안해.

I'm sorry.   I'm sorry.

✓ 생일 축하해.

Happy birthday.
Happy birthday.

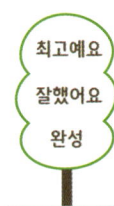

일상생활 속 글씨 연습

일상생활에서 자주 쓰게 되는 카드, 일기, 알림장 등을 따라 쓰면서 글씨 연습을 해 보세요. 매일 써야 하는 일기는 친구들이 쓰기 싫어하거나 귀찮아하는데요. 하지만 글씨 연습에는 많은 도움이 됩니다. 하루 중 가장 기억에 남는 일, 느낀 점, 내 생각 등을 차분하게 쓸 수 있기 때문이지요. 일기뿐 아니라 알림장과 카드를 쓸 때는 글자의 모양을 잘 생각하며, 띄어쓰기에 신경 써야 해요. 앞에서 배운 대로 천천히 정성껏 쓰다 보면 나도 모르게 글씨가 예뻐질 거예요.

◦ 일기 & 알림장 쓰기

교정틀이나 줄틀이 없기 때문에 글자의 크기와 높이에 신경 써야 해요. 글자들이 오르락내리락하지 않도록 줄의 아랫선 조금 위에 단정하게 쓰도록 해요.

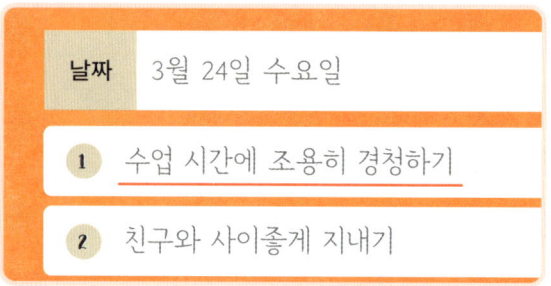

◦ 편지 & 카드 쓰기

칸이나 줄이 없는 카드, 메모지, 종합장 등에 쓸 때는 문장을 알맞은 간격으로 띄어 써야 해요. 위의 문장과 아래 문장의 간격을 알맞게 띄면 한눈에 읽기가 쉽지요. 특히 카드를 쓸 땐 예쁜 그림까지 그려 주면 받는 친구가 더욱 기뻐할 거예요.

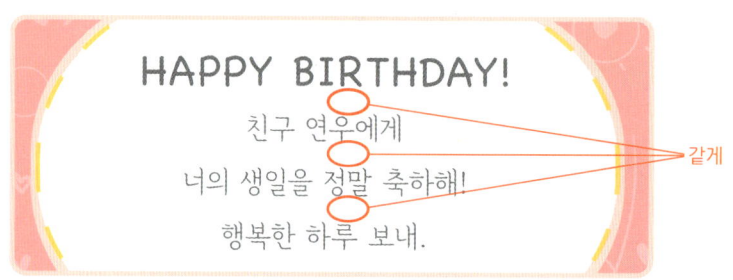

이름표 쓰기

학교에 가면 자신의 물건에 이름을 쓸 때가 많아요. 미리 연습해 봅시다.
아래의 이름표에 자신의 이름을 써 보세요.

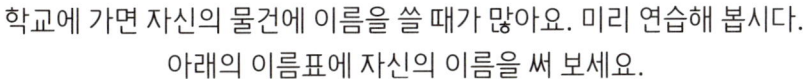

일기 쓰기

글씨를 바르게 쓰도록 노력하면서 일기를 따라 써 보세요.

| 날짜 | 5월 23일 화요일 |
| 날씨 | 해가 반짝 |

아빠와 함께 서점에 갔다. 여러 종류의 책이 많아서 놀라웠다. 전부터 읽고 싶었던 책을 찾아서 기뻤다. 친구들과도 함께 서점에 가고 싶다.

| 날짜 | |
| 날씨 | |

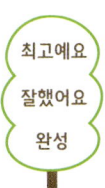

날짜 | 10월 15일 월요일

날씨 | 시원한 바람이 솔솔

체육 시간에 운동장에서 친구들과 달리기 시합을 했다. 나는 열심히 달렸지만 4등을 했다. 너무 속상해서 눈물이 났다. 그런데 친구들이 다가와 "힘내!"라고 말해 주어 기분이 좋아졌다.

날짜 |

날씨 |

알림장 쓰기

알림장을 어떻게 써야 하는지 궁금할 거예요. 아래의 알림장을 따라 쓰며 익혀 볼까요?

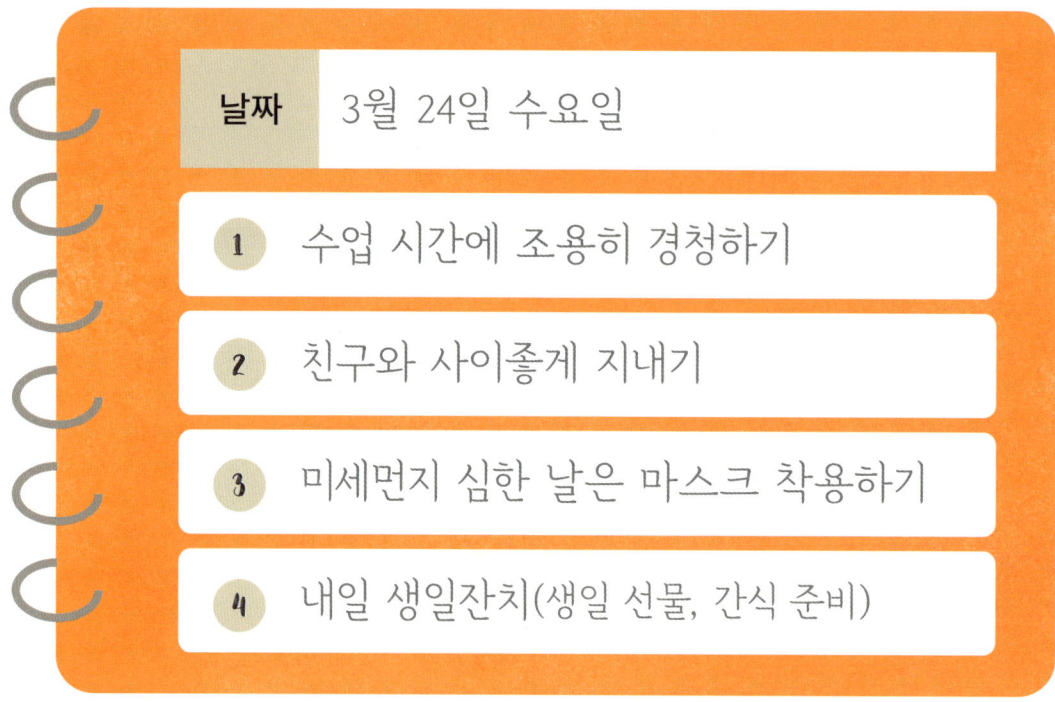

날짜 6월 12일 목요일

- ☐ 내일 2시 20분부터 민방위 훈련
- ☐ 마음을 담은 편지 전달(부모님, 선생님 등)
- ☐ 미술 준비물 : 크레파스, 색종이
- ☐ 안내장 1개 배부(학교장 휴업일 안내)

날짜

- ☐
- ☐
- ☐
- ☐

편지 쓰기

감사의 인사를 전해야 하는 어른이나 소중한 친구에게 편지를 써 보세요.
아래의 편지를 따라 써 보고, 비어 있는 편지지에는 자유롭게 편지를 쓴 뒤 잘라서 선물해 보세요.

DEAR. 은우

안녕! 나 민서야. 같이 숙제할 때 내가 잘 모르는 문제를 쉽게 설명해줘서 고마워. 내일도 우리 집에서 함께 숙제할래? 네가 와주면 기쁠 거 같아.

4월 7일

FROM 네 짝꿍 민서

영양 선생님께

선생님, 안녕하세요? 저는 2학년 3반 도윤이에요.

매일 맛있는 급식을 만들어 주셔서 고맙습니다. 급식 먹는 시간이 항상 즐겁고 좋아요.

그럼 안녕히 계세요.

5월 19일

이도윤 올림

DEAR.

FROM

축하 카드 쓰기

생일축하 카드와 크리스마스 카드를 정성껏 쓴 뒤 잘라 선물해 보세요.
따뜻한 마음이 그대로 전해질 거예요.

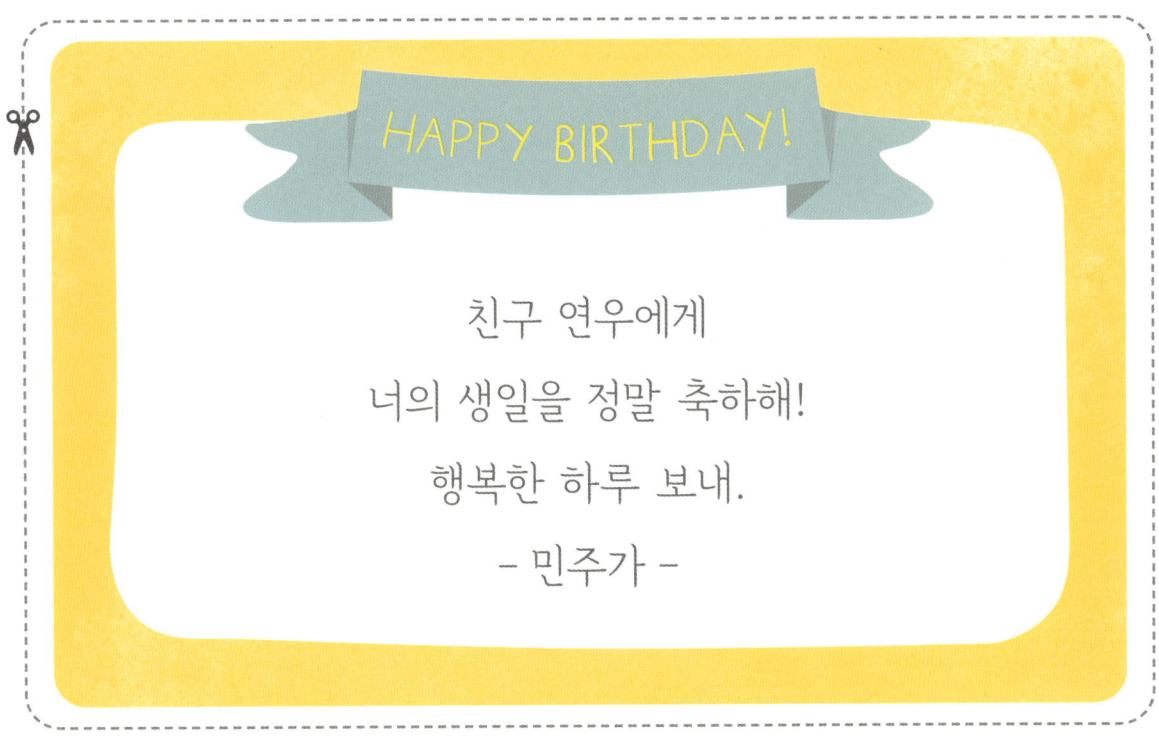

친구 연우에게
너의 생일을 정말 축하해!
행복한 하루 보내.
- 민주가 -

TO 지윤

흰 눈이 펄펄 내리는
화이트 크리스마스야.
엄마 아빠와 함께
따뜻하고 행복한 크리스마스 보내.

FROM 주호

Merry Christmas